A Paris chez Toussainct Quinet Au Palais 1647 Avec Priuilege du R

LE
VIRGILE
TRAVESTY
EN VERS
BVRLESQVES,

De Monſieur SCARRON.

LIVRE SIXIESME.

(cachet de bibliothèque)

A PARIS,

Chez GVILLAVME DE LVYNE, Libraire
Iuré au Palais, dans la Salle des Merciers,
à la Iuſtice.

M. DC. LV.
AVEC PRIVILEGE DV ROY.

A MONSIEVR
ET MADAME
LE COMTE
ET LA COMTESSE
DE FIESQVE.

MONSIEVR ET MADAME,

Vous m'auiez promis vn petit
Chien, vous ne me l'auez pas donné;
Ie vous auois promis de vous dédier

EPISTRE.

vn Liure de Virgile , je vous en dédie
vn : Voilà tout ce que j'ay à vous
dire ; Ie fuis,

MONSIEVR ET MADAME,

Voftre tres-humble &
tres-obeïffant feruiteur,
SCARRON.

LE
VIRGILE
TRAVESTY.

LIVRE SIXIESME.

AINSI Maiſtre Æneas parla.
Cependant ſa bouche exhala
Maint ſoupir; & de ſa paupiere
Sortit de pleurs vne riuiere,
Qui ſe ſepara ſur ſa peau
En quinze ou ſeize gouttes d'eau.

Liure VI.   A

Les Nauires par luy guidées,
Des vents fauorables aydées,
A la fin vinrent à bon port
Anchrer ſur l'Euboique port.
Les vaiſſeaux l'vn auprés de l'autre
Comme des grains de patenoſtre
S'arrangerent également.
Chaque Nauire en vn moment
Deuers la Mer tourna ſa prouë
Comme pour luy faire la mouë,
De s'eſtre encore vn coup tiré
Des flots, ſans eſtre deuoré.
Les anchres en mer deuallerent,
Et leurs becs pointus acrocherent.
Le riuage parut paré
De mainte pouppe au bois doré
Quitter les vaiſſeaux prendre terre,
Aller à la petite guerre,
Ce ne fut quaſi que tout vn,
Fors quelques preneurs de petun
Qui s'amuſerent ſur la riue
A vuider vn peu de ſaliue,
Non ſans vuider quelque baril.
Les vns battirent le fuzil,

Les autres en terre auancerent,
Virent des beſtes en chaſſerent;
Si ce qu'ils coururent fut pris
C'eſt ce que ie n'ay pas apris,
Et ce qui ne m'importe guieres.
Ceux qui trouuerent des riuieres
En vinrent faire le raport.
Cependant Æneas le fort
Maron dit Pieux, mais la rime
M'eſt vne excuſe legitime.
Æneas donc fort ou Pieux,
Si tant eſt que vous l'aymiez mieux,
Alla voir d'Apollon le temple,
Autant pour donner bon exemple,
Que pour tirer les vers du nez,
(Suiuant les bons aduis donnez,
Par ſon Reuerend pere Anchiſe)
De là Sibille teſte griſe,
Qui depuis deux cens & tant d'ans
Ne ſçauoit que c'eſtoit que dens;
Apollon ſon maiſtre d'Eſcolle
S'ébattoit à la rendre folle,
Et lors il n'y faiſoit pas bon;
Car lors la méchante Guenon,

La diseuse de logogriffes,
Rouloit ses yeux, montroit ses griffes
Hors de terre, en l'air s'éleuoit,
Disant tout ce qu'elle sçauoit,
Que l'on croyoit comme Euangile.
Voila quelle estoit la Sibille
Que Maistre Æneas alla voir
Puisque vous le voulez sçauoir.
D'abord le temple magnifique
Exerça fort la Retorique
Tant des Troyens, que du Seigneur,
Quoy que d'ailleurs homme d'honneur,
Vn des plus grands parleurs du monde,
Nation dont la terre abonde,
La pluspart grands diseurs de rien,
Au grand malheur des gens de bien.
Ce temple estoit, pour sa peinture
Aussi beau que pour sa structure,
Et n'auoit pas esté basty,
Par quelque petit apprenty,
Ou par quelque maçon de balle,
Mais par l'ingenieux Dedale,
Qui de peur du Tyran Minos
S'estant appliqué sur le dos

Vne paire d'aiſles bien faite
Auoit ainſi fait ſa retraite,
Faiſant bien peur chemin faiſant
A maint oiſeau qui l'auiſant
Quatre ou cinq fois gros comme vn oy,
Le prenoit pour oiſeau de proye.
Enfin ſi bien emplumaché
Ayant dans l'air long-temps haché,
Il vint charrié ſur ſes plumes
Se hucher ſur la tour de Cumes,
Non ſans grande admiration
De toute cette Nation,
A Maiſtre Apollon par homage
Il fit preſent de ſon plumage;
Et puis charpentier & maçon
Vn beau temple de ſa façon,
Sans m'amuſer à le décrire,
Car ſa beauté s'en va ſans dire,
Et jamais Auteur bien ſenſé
N'a fait temple rapetaſſé,
Mais toujours temple magnifique
De marbre plutoſt que de brique.
Ce beau temple donc qui ſera
Superbe autant qu'il vous plaira,

Estoit bien peint sur son portique ,
A huille, à fresque, ou Mosaïque ,
Et ces tableaux representoient
Les Atheniens qui battoient
Rudement le Prince Androgée ,
Dont son Altesse surchargée ,
De trop de coups & trop pezans
Auoit finy ses jeunes ans.
Minos estoit là , dont la mine
D'homme qui rend sa medecine
Faisoit au peuple meurtrier
Peur de n'auoir point de quartier.
Puis on voyoit le peuple Attique
Du viol de la foy publique
Qui se repentoit, mais trop tard,
Contraint de tirer au hazard,
Ou bien au sort, si mieux on l'aime,
Car ce n'est qu'vne chose mesme.
Ils tiroient donc en grand soucy
Minos le commandant ainsi ,
Au sort les masles & femelles,
Autant les beaux comme les belles ,
Les magots comme les guenons ,
Selon que se trouuoient leurs noms :

Ceux qui ne rencontroient pas chance
S'en alloient seruir de pitance
Au fils de la femme à Minos
Qui les rongeoit iusques aux os.
Vis à vis l'Isle de Candie
Peinte de cette main hardie
En pleine mer se faisoit voir
Celle qui contre le deuoir
D'vne Reine femme bien sage
Eut d'vn Taureau le pucelage,
Estoit là peinte & son Taureau,
Et Monsieur son fils homme veau,
Prince du costé de sa mere,
Mais vilain du costé du pere,
D'vn grand coquin de bœuf issu,
De qui l'on a iamais bien sceu
Ny la maison ny l'origine,
Mais son fils par sa bonne mine;
A la femme de Minos plut,
Il voulut ce qu'elle voulut,
Et par le moyen de dedale
Encorna la maison Royale.
Ie ne vous diray point comment,
Car ie confesse ingenument

Que i'ay la face toute rouge
Du faict de cette Reine gouge,
Et Maron, sauf correction,
En a fait trop de mention.
Tu serois aussi pauure Icare
Placé dans cet ouurage rare,
Si ton pere songeant à toy
N'eust laißé tomber hors de soy
Et les pinceaux & la peinture,
Piteuse fut ton aduenture;
Et ta cire qui se fondit
Mauuais office te rendit.
Maistre Æneas sur cet ouurage
Se fust amusé dauantage,
Car il s'amusoit volontiers,
Et passoit les iours tous entiers
A faire des chasteaux de carte,
A coller de vieilles pancartes
Dont il formoit de grands Dragons,
Retenus par des cordeaux longs
Qu'il laissoit aller dans les nuës,
Et que l'on prenoit pour des gruës:
Enfin il estoit vetilleur,
Ce tant renommé batailleur,

Et sou-

Et souuent feu son pere Anchise
Luy faisant vne mine grise
Auoit predit tranchant le mot
Qu'il ne seroit iamais qu'vn sot.
Mais il se trompa le bon-homme,
Car ce grand fondateur de Rome
Au moins celuy, dont sont sortis
De la louue les deux petis,
Qui de louueteaux se rendirent
Rois des Latins qu'ils asseruirent.
Ce fondateur de Rome doncq
Fut grand homme s'il en fut oncq.
Or ie vous ay dit tout à l'heure
Qu'il eust fait plus longue demeure
A considerer les tableaux;
Ses gens, la pluspart jeunes veaux,
S'amusoient ainsi que leur Sire
A les regarder sans mot dire;
Quand Maistre Achates arriua
Qui par viues raisons prouua
Que c'estoit acte de caillettes
De regarder marionnettes,
Lors que le temps presse, & qu'il faut
Battre le fer quand il est chaut.

Liure VI.
B

Puis la Preſtreſſe Deiphobe
De peur de choir trouſſant ſa robe
Vint dire au beau fils de Venus
Ces mots que i'ay bien retenus.
O Monſieur le Patron des ſages
Ce n'eſt pas parmy des Images
Qu'on trouue vn Royaume gratis.
Pour contenter tels appetis
Il faut bien vne ame plus forte,
Il faut bien agir d'autre ſorte,
Laiſſez, laiſſez donc ces tableaux
Et donnez l'ordre pour huict veaux,
Et huict brebis que ie demande
Pour faire pour vous vne offrande.
Auſſi-toſt dit, auſſi-toſt fait.
La Preſtreſſe en voix de faulcet
Deuant la porte de l'Egliſe
Hucha les gens du fils d'Anchiſe.
Vn Antre profond où le iour
N'entre non plus que dans vn four,
Eſt d'vne maniere ruſtique
Taillé dans la Roche Euboïque.
De ce noir Antre cent conduits
Vont aboutiſſant à cent huis,

Par lesquels la saincte Interprete
Quand on l'interroge caquette.
Il n'arriua pas plutost là
Auec grand respect, que voila
Madame l'entouziasmée
Qui dit d'vne voix enrumee,
Voici le temps d'interroger.
Lors on la vit toute changer,
Et sa fureur, quoy que diuine,
La fit de tres-mauuaise mine.
On vit le fonds de ses nazeaux :
Ses deux yeux passablement beaux
Deuinrent des yeux sans prunelle :
Sa cheuelure deuint telle
Que les pointes d'vn herisson,
Et perdit son caparasson.
Sa face deuint cacochime,
Et son teint de pasle, minime.
I'ay sceu depuis deux ans en ça
Que dessous elle elle pissa.
Sa bouche se couurit d'escume,
Son poulmon par ce diuin rume
Fit sa poitrine panteller,
Et soupirs sa bouche exhaler,

Qu tenoient du rot quelque chofe ;
Mais fa fureur en eftoit caufe.
De plus on la vit à l'inftant
Croiftre d'vn pied & d'vn empant ,
& fa voix fut toute changée ,
Bref elle fut comme enragée.
Le grand Dieu dans fon corps fourré
Dans elle ayant tout alteré ,
Voici ce que la forcenée
Dit au bon feigneur Maiftre Ænée.
Æneas fai ton oraifon ,
Autrement la faincte maifon
N'ouurira pas la moindre porte.
Lors qu'elle eut parlé de la forte
Le plus hardy des affiftans
Eut les membres tres-palpitans ,
& fut prés , forcé par fa fievre ,
De gagner les chãps comm'vn lievre.
Mais pas vn n'ofa détaller
Entendant leur Maiftre parler ;
Voici ce que dit le beau Sire
Serieufement & fans rire.
Phœbus , qui de noftre Illion
Pris toufiours la protection ,

Qui guidas la fleche mortelle
De Pâris franche Demoiselle,
Si bien qu'Æacide le fort
Par ce mignon fut mis à mort,
Par maintes mers dont les riuages
Nourriſſoient maints peuples ſauuages,
Sous ta conduite i'ay couru,
Dont i'ay l'eſprit vn peu bourru;
C'eſt trop courir & ne rien prendre,
& pour rien trop long-temps attendre,
Car i'eſtime vn peu moins que rien
Ce païs, qui comme le chien
Qu'auoit deffunct Iehan de Niuelle
S'enfuit alors que ie l'appelle.
Le voici pourtant attrapé,
Aprés s'eſtre tant échapé,
Mais ma foy s'il l'échappe encore,
Fuſſiez-vous grands Dieux que i'honore,
Mille fois Dieux plus abſolus,
Ie ne vous honoreray plus.
Sans y mettre beaucoup du voſtre
Vous pouuez bien au peuple noſtre
Pardonner, & vous ferez bien,
Et l'acte ſera bien Chreſtien;

Si voftre colere fans bornes,
Pour vn feul qui planta des cornes
Sur vn front qui le meritoit,
Sans ceffe nous perfecutoit.
Le Deftin qu'on tient fi grand, Sire,
Y trouueroit bien à redire,
Il a fait entre vifs vn don
D'vn païs plantureux & bon,
A noftre nation Troyenne,
Il faut bien que la chofe tienne,
Ou contre la donation
Ie ferois imprecation.
Lors ô Phœbus porte lumiere,
Et toy fa fœur l'harquebufiere,
De temples richement bâtis,
Où l'on pourra prier gratis,
Vous ferez guerdonnez au large,
Gens bien entendus auront charge
De faire des jeux de renom
Qui porteront voftre fainct nom;
Et toy Madame la Sibille
A tourner le fas tant habille,
I'ay pour toy des prefens auffi
Qui ne font pas couffi couffi,

Mais tels que tu seras contente,
Pourueu que contre mon attente
Tu n'ailles d'vn langage obscur
M'emmasquarader le futur;
Ou bien sur des feüilles m'écrire
Les choses que tu me dois dire;
Mais écry-les sur parchemin
En beau caractere Romain,
Ou chante les moy comme vn Ode
Sur quelque beau chant à la mode.
La Vierge tandis qu'il prioit
Diablement se diablifioit,
Id est valde dans sa poitrine,
Elle auoit bataille intestine
Auec son Dieu, qui de son corps
S'estant emparé des ressorts,
Luy faisoit auoir la posture
De ceux qu'on met à la torture,
Tant afin de l'éuacuer,
Ce Dieu qui la faisoit suer;
La pauure Vierge possedée
Fretilloit en deuergondée;
Mais ce corps si bien demené
Au Dieu dans elle cantonné

Ne fera point quitter la place,
Quelques vains efforts qu'elle face,
Elle cede donc à son Dieu,
Et lors les cent portes du lieu,
Sans qu'aucun les ouurit, s'ouurirent,
Et ces paroles répondirent;
O grand Prince qui sur la mer
As eu maint accident amer,
Et qui t'és tiré nettes bragues
D'entre maintes villaines vagues,
La terre te prepare aussi
Mainte querelle & maint souci;
La terre promise est bien seure,
Mais tu maudiras cent fois l'heure
De t'estre mis en estourdy
En cette terre que ie dy.
Là de ta dague en main serrée
Mainte taloche desserrée,
Et ton corps maintefois haché,
Ce qui sera tres-grand peché,
Te fera dire en triste mine
Qu'il n'est point roze sans espine.
Là le Tibre qui rougira,
Le Xante te ramenteura,

Ie dis

Ie dis rougira, non de honte,
Car on en feroit peu de conte,
Mais de sang humain respandu
Sorty de maint corps pourfendu.
Là des Grecs auec vn Achille,
Comme le deffunct plain de Bille,
Fauorisez d'vne Iunon
Qui ne te garde rien de bon,
Te susciteront des affaires
Qui ne seront pas des plus claires.
Là reduit à tres piteux point
Qui n'importuneras-tu point ?
Quelles nations, quelles villes
De mœurs barbares ou ciuiles,
N'iras-tu faisant le pleureux
Et parlant d'vn ton doucereux
Comme font tous les miserables,
Prier de t'estre secourables ?
Et la cause de tout ce mal,
Autre femme, imbarbe animal,
Autre malheureux mariage,
Mais il faut auoir bon courage,
Malgré la fortune vn grand cœur
De ses malheurs deuient vainqueur.

Liure VI.　　　　　　　　　　C

Tu vaincras tout par l'assistance
D'autres peuples que l'on ne pense,
Ce seront des Grecs comme ceux
Qui t'ont fait d'vn grand Prince vn gueux.
Ainsi la Sybille Barbuë
Finit sa harangue ambiguë.
Dont Æneas dit à ses gens,
Maudit sois-je si ie l'entens,
Et que maudit soit l'edentée.
Cependant toute inquietée
(Car son Dieu fougueux la quittant
L'alloit bien fort inquiettant,)
Elle hurla comme vne folle.
Æneas reprit la parole;
O Vierge qui si fort hurlez,
Laissez-moy parler, ou parlez.
Aussi tost dit, la forcenee
Fit aux yeux de Monsieur Ænee
Vn pet, vn sifflet & vn sault.
Chacun en éclatta bien hault,
Et luy n'en faisant que sous-rire
Se mist tout doucement à dire,
Ie m'attends bien à tout cela
Que vous venez de dire là,

Et s'il m'arriue pis n'importe,
Pourueu que vous faciez en sorte
Qu'en Enfer, ce hideux manoir,
Ie puisse auoir l'honneur de voir
Encor vn coup Monsieur mon pere,
Par vostre faueur ie l'espere;
Car sans vous ie ne voudrois pas
M'embarquer dans ces pais bas.
Mais pour voir, mon bon pere Anchise
Ie passerois nud en chemise
Au trauers de piques & dars,
Au trauers de mille soudars,
De mille donneurs d'estriuieres,
Quoy que ie ne les ayme guieres,
Et que qui me les donneroit
Bien fort me desobligeroit.
Mais ie luy dois bien dauantage,
Il m'a suiui malgré son âge
Par tous les lieux où i'ay rodé,
Quoy que bien fort incommodé
D'vne hargne, & si i'ose dire
De quelque chose encore pire :
Il m'aima tant ce cher Papa,
Que quand le Grec nous attrapa

Je le portay sur mon eschine,
Et me sauuant à la sourdine
Je le mis en bonne santé
Hors de la ville en sauueté.
En recompense le bon-homme
M'a suiui par tout, ainsi comme
Nous voyons vn fidelle chien
Suiure vn maistre qu'il aime bien.
Au reste ce n'est point mensonge,
Luy mesme me la dit en songe,
Que sans vous & vostre support
Je ne ferois qu'vn vain effort;
Et qu'en la demeure enfumee
Je trouuerois porte fermee.
Ayez donc de grace pitié
D'vne si parfaite amitié,
D'vn si bon fils, d'vn si bon pere,
Et faites si bien que Cerbere
Ait pour moy la ciuilité
Qui se doit à ma qualité,
Et comme vn mastin de village
N'aille pas escumant de rage.
Exercer son triple gozier
Sur ma peau tendre comme ozier.

Si pour eſtre Chantre & Poëte,
Et ioüeur de Marionnette
Orphee auec ſon guitarron
A flechi le vieillard Caron
Et deliuré ſon Euridice,
Qu'vn ſerpent fourré de malice
Auoit occiſe en trahiſon;
Ie puis à plus forte raiſon,
Auiourd'huy que litterature
Eſt en fort mauuaiſe poſture,
Eſperer qu'à moy, grand Seigneur,
Sera faite meſme faueur,
Et que i'iray voir mon bon pere,
Si Pollux l'a pû ie l'eſpere,
Et ſi Theſée auſſi l'a pû,
Et le grand Alcide; ils n'ont eu
A le prendre par le lignage,
Sur moy que fort peu d'auantage;
Comme eux ie ſuis des Dieux iſſu,
La belle Venus m'a conceu;
Et ie puis iurer de ma mere
Plus hardiment qu'eux de leur pere.
Voila ce que le Troyen dit;
Et voici ce que reſpondit

La vieille toute radoucie,
Torchant ses yeux pleins de chassie.
Enfant de Venus tant prisé,
Le chemin d'Enfer est aisé,
On y peut entrer quand on l'ose,
Mais d'en sortir, c'est autre chose;
Peu de mortels des Dieux cheris,
Bien morigenez & nourris,
Issus de Diuines braguettes,
En sont reuenus bragues nettes:
Ces vastes païs sont couuers
De bois qui sont noirs & non vers,
Que le noir Coccyte enuironne,
Dont l'eau n'est ny belle, ny bonne.
Mais nonobstant ce que ie dy
Si vous estes assez hardy
Pour vouloir la chose entreprendre,
Et dans l'Enfer deux fois descendre,
Quoy que ce soit vn dessein fou,
Et que se casser bras ou cou
Soit action moins temeraire
Que celle que vous voulez faire,
Voici le fidelle conseil
Qu'il vous faut suiure en cas pareil.

Vn certain pommier (dont les pommes
Vaudroient bien au siecle où nous sommes
Leur pesant d'or à bon marché)
Dans vn bois obscur est caché,
Où sans vne bonne lanterne
On voit moins qu'en vne cauerne.
Or ce venerable pommier
Qui porte vn fruit si singulier,
Ne porte d'or fin qu'vne branche,
Et si tost que quelqu'vn la tranche
Il en repousse vne autre encor
Ainsi que l'autre de fin or.
D'Enfer la Dame souueraine
Qu'on nomme Iunon sousterraine,
N'aime que ces pommes de prix,
Les autres luy sont à mépris,
Fut-ce des pommes de reinette ;
Et si quelque teste mal faite,
Si quelque estourdy, quelque veau
Pensoit sans ce fatal rameau
Visiter les Prouinces sombres,
Il resteroit parmi les ombres,
Ayant d'abord esté battu
Par le chien triplement testu.

Sans m'importuner dauantage
Allez donc si vous estes sage
Chercher ce rameau precieux,
Employez-y tous vos deux yeux,
Car, tout fin qu'on vous croit peut-estre,
Ne le pourrez-vous reconnestre,
Eußiez-vous autant d'yeux qu'Argus,
Plus penetrans & plus aigus :
Tout dépend de la destinee,
Autrement, Monseigneur Ænée,
Cherchassiez iusqu'à demain
Vne bonne serpe à la main,
Vostre serpe bien affilee,
Ainsi comme elle estoit allee,
Reuiendroit sans auoir tranché
Ce rameau d'or si bien caché ;
Mais si le destin vous l'ordonne,
Ce rameau fatal en personne
A vos yeux d'abord brillera,
Et vostre main le cueillera,
Comme elle cueilleroit sans peine
Vn petit brin de marjolaine :
Mais au lieu de m'interroger
Vous feriez bien mieux de songer

A mettre

A mettre dans la sepulture
Vn corps qui tend à pourriture,
Vn de vos amis roide mort,
Et lequel put desia bien fort,
Son ame en est inquiettee,
Et la flotte toute infectee;
Allez donc la purifier
Et ce grand malheur expier
Par sacrifices salutaires.
N'allez pas gaster vos affaires
Pour épargner quelques brebis
Et quelques ora pro nobis.
Lors vous pourrez là bas descendre
Sans que mal vous en puisse prendre,
Sans qu'on vous dise, qui va là?
Elle se teut, aprés cela.
Æneas luy tourna l'eschine
Faisant vne piteuse mine,
Ayant l'esprit embarrassé
Et de cet amy trespassé,
Et du Rameau dont la Sibille
Faisoit vn cas si difficile:
Puis il sortit de l'antre obscur
Fort inquietté du futur:

Liure VI.   D

Ie suppose que la Cumee
Fut en vn instant renfermée.
Cependant tout triste & pantois
Il s'en alloit rongeant ses doits ;
Acates suiuoit son Altesse ,
Laquelle luy disoit sans cesse ,
Qui Diable est donc cet homme mort?
Qui sent desia mauuais si fort ;
Acates luy respondit , Sire ,
Ie ne vous en sçaurois rien dire ,
Ie n'en ay rien veu ny rien sceu:
Là dessus d'eux fut apperceu
Misenus descendant d'Æolle
Couché sans vie & sans parole ,
Et qui pis est sans vie aussi ;
Æneas le voyant ainsi
Tout prest de deuenir charongne ,
Dit , elle a raison la carongne
Voila Misenus roide mort
Si par grand bonheur il ne dort.
Ce Misenus , estoit Trompette ,
Petit homme au nez de pompette ,
Qui ne portoit point de braguier ,
Quoy que les gens de ce mestier

Pour sonner trop fort leurs buccines
Ayent besoin de ses machines.
Il fut le Trompette autrefois
D'Hector, à dix escus par mois,
Et deux paires de bas de chausse ;
Et comme à la fin tout se hausse,
Æneas par an luy donnoit
Deux cens francs, & l'entretenoit
De souliers, bottes & bottines,
De clisteres & medecines :
Au reste ce bon Trompeteur
Estoit aussi gladiateur,
Et se piquoit de bonne brette,
Autant que de bonne Trompette ;
Heureux s'il eust tousiours bretté,
Et s'il n'eust iamais trompetté :
Car ce iour-là prés du riuage,
Sur vn roc, chantant son ramage,
Et trompettant comme vn perdu,
Et faisant si fort l'entendu,
Qu'aux Tritons les diuins Trompettes,
Il ozoit bien chanter goguettes,
Et les deffier au combat,
Action qui sentoit le fat.

Ils laifferent quelque temps faire
Des fanfares au temeraire,
Et puis, remplis de mal-talent,
(Car tout Triton eft violent)
Auecq vn grand inftrument croche
Le déguerpirent de la roche,
Et firent boire ce grand fou
Vn peu plus que fon chien de fou :
Puis ayant fait ce beau ménage
Le remirent fur le riuage.
Il fut donc alors queftion
De faire lamentation,
Et les obfeques falutaires;
Toutes les chofes neceffaires
Furent preftes en moins de rien,
Car ils eftoient tous gens de bien,
Et chacun fçait que Maiftre Ænee,
Perfonne bien morigenee,
Eftoit fans faft & vanité
Adoré pour fa charité.
Il pleura donc comme les autres,
Recita force Patenoftres,
Et puis ce Prince tres-humain
Courut la coignee à la main

Dans la forest du bois abbatre,
Il en abbatit plus que quatre,
Et chacun dit à haute voix
O le grand abbateur de bois.
On fit maints fagots & bourrées,
Et buches longues & carrees,
Sans oublier quelques cotrets,
Pour en faire vn bucher aprés
Qui bruslast le corps de Misene,
Afin que son ame sans peine
Iouyst en vertu du bucher
Des priuileges de l'Enfer.
Aprés cette ceremonie
Æneas en grande agonie
Poussant mille souspirs ardens
Disoit entre ses belles dens :
Si ce Rameau cette merueille
Se faisoit voir à la pareille
En quelque endroit de la forest,
Puisque si veritable elle est
La vieille Dame que Misene
S'est trouué mort dessur l'arene,
Ie me tiendrois plus fortuné
Qu'vn homme veuf, ou qu'vn aisné.

Comme il parloit de cette sorte
Deux pigeons que la plume porte
Se vinrent à luy presenter,
De ioye il se mit à saulter,
Car il les connut à leur mine
Pour estre à sa mere Ciprine :
Lors il se mit à les hucher
Afin de les faire approcher,
Et de plus le bon Sire Ænee
Tira de vesse vne poignee
D'vne poche de boucassin
Qu'il portoit à l'endroit du sein,
Chose qui passe la croyance ;
Mais telle estoit sa preuoyance,
Que iamais sans vesse il n'alloit,
Dont le bon Seigneur regaloit
Les oiseaux de Venus la belle
Quand il estoit visité d'elle :
Mais pour vesse ny huchement
Ils n'obeirent nullement,
Quoy qu'il adioustast ces paroles.
Beau couple de pigeons qui volles,
Si tu voulois t'aller iucher
Où ie dois la branche arracher,

Qui doit faciliter l'entree
Dans la tenebreuse contree,
Où ie veux, si ie puis, entrer,
Quoy qu'on me puisse remontrer.
Ie fonderois par chaque annee,
Moy qui m'appelle Maistre Ænee,
Cent boisseaux de vesse, & de pois
Qu'on vous deliureroit par mois,
Et vous, ô ma Diuine Mere,
Par le secours de qui i'espere
Deuenir Empereur Romain,
De grace tenez-y la main.
Inutile fut la promesse
De ce beau prometteur de vesse,
Les venerables pigeonneaux
De Venus les sacrez oiseaux,
Sans rabâtre vn petit coup d'aisle,
Fendirent le vent de plus belle;
Luy, se mit à doubler le pas
Afin de ne les perdre pas.
Or comme la couple volante
Le tenoit la gueule beante,
Teste haute, & les yeux ouuers,
Il donna deux fois à trauers

De deux petits monceaux de pierres,
Tellement qu'il fit deux parterres,
Mais aussi-tost se releuant,
Il alla tousiours poursuiuant
Les pigeons qui si bien vollerent,
Qu'à tire d'aisle ils arriuerent
Où l'air d'enfer se fait sentir;
I'ay bien peur ici de mentir,
Mais Maron escrit, qu'vn grand gouffre
Exhalle illec vn air de souffre,
Pour laquelle odeur éuiter
Les oiseaux furent veus pointer
Iusqu'en la region des nuës,
D'où les deux aisles estenduës,
Ces Pigeons aux yeux d'Æneas
Qui de courir estoient bien las,
Vinrent tout à propos descendre
Sur le rameau qu'il vouloit prendre,
Qui rendoit les yeux éblouïs
Comme vn Iacobus, ou Louis,
Tant reluisoit ce rameau rare;
Messire Maron le compare
A la gomme jaune qui luit
Sur la branche qui l'a produit;

La

La comparaiſon eſt foiblette ,
N'en déplaiſe à ſi grand Poëte ,
Il deuoit en ſujet pareil
Mettre Lune , Eſtoille , ou Soleil.
Dieu ſçait ſi la branche dorée
Du bon ſeigneur tant deſirée
Fut arrachée auecq ardeur ,
Il l'arracha d'auſſi bon cœur
Qu'vn chien ou qu'vn chat pille ou grippe
Vn morceau de chair ou de trippe.
Cela fait riant comme vn fou
Il alla trouuer en ſon trou
La vieille Sybille Cumée.
Cependant tous ceux de l'armée
Donnoient la derniere façon
Au corps auſſi froid qu'vn glaçon
De Miſenus le bon trompette ;
De ſa charoigne putrefaitte
Le ſale cuir fut nettoyé ,
Et de bonne eau roze ondoyé ;
On lui releua les mouſtaches ,
On lui mit de belles gamaches ,
Vn bonnet de nuit de ſatin ,
Dont la coëffe eſtoit de quintin ;

Liure VI.   E

Vn hault de chauſſes de grizette,
Vn pourpoint couleur de noizette
De belle ſarge à deux-enuers
Chamarré de trois gallons vers ;
Puis aprés vne houppelande
De beau camelot de Hollande.
Vn Bachelier deſia grizon
Fit vne funebre Oraiſon ,
Puis en l'honneur du miſerable
Vne chanſon tres-pitoyable
Fut chantee au ſon du Tambour ,
Tournant triſtement à l'entour
Du bucher ou bien de la pyre,
Car l'vn & l'autre ſe peut dire :
Autant que la pyre voulut
C'eſt à dire qu'il en fallut :
On y mit de la poix raiſine
De la meilleure & la plus fine ,
Maiſtre Æneas en pareil cas
D'argent ne faiſoit pas grand cas ,
Et lors on euſt dit que ſa bourſe
Euſt eſté d'argent vne ſource :
Auſſi ce Seigneur liberal
Ne trouua iamais ſon egal

A bien faire des funerailles,
Aussi bien qu'à donner batailles.
Pour reuenir à nos moutons,
Quatre hommes en noirs hocquetons
(Deuant que l'on eust allumee
La pyre ci-deßus nommée,)
Y guinderent adroitement
Auecq vn certain instrument
Qu'en François vne grüe on nomme,
Le froid cadaure du pauure homme.
Si tost que chacun le put voir
Les Pleureux firent leur deuoir,
Il fut, aprés la Pleurerie
Question de la Bruslerie;
Des gens marchans à reculons
Le nez tourné vers les talons
Ad ritum du peuple de Troye,
(Peu me chault que l'on ne me croye)
Deux à deux vinrent s'approcher
A clochepied du noir bucher,
Tenant en la main droite vn cierge
De cire noire, & non pas vierge,
Au bucher ils mirent le feu,
Lors la flame joüa son jeu:

E ij

La Pyre est bien-tost engloutie,
Celuy pour qui l'on l'a bastie
D'abord par la flame rosty,
Est aprés par elle englouty;
Puis elle s'engloutit soy-mesme,
Tant sa faim vorace est extréme,
Et tout le bucher allumé
En moins de rien est consumé,
Et de bois deuient bois & cendre
Si chaude, qu'on ne la peut prendre,
Mais du vin que l'on respandit,
Qu'elle beut & qui la tiedit,
Fit que cette cendre lauée
Fut facilement enleuée,
Et mise en vn tonneau d'airain
Pour la conseruer du serain:
Ce fut vn nommé Chorinée
Homme à la face enluminée
Qui mit la cendre en ce Tonneau,
Et puis qui fit aller de l'eau,
(Eau lustrale, ainsi que ie pense)
Sur toute la triste assistance:
Et puis aprés les yeux fermez
Il dit les mots accoustumez

En pareille ceremonie.
Æneas la face ternie,
(Car le bon Seigneur tant pleura
Que sa face il décolora)
Fit faire vn tombeau magnifique
De pierre de taille & de brique
En la place où fut le bucher;
Puis ce qui fut au deffunct cher
Fut porté deuant ce bon Sire,
Ce fut ce que ie vous vay dire :
Sa Hallebarde & son Pauois
Dur, bien qu'il ne fust que de bois,
Son Eschiquier, son trou Madame,
Vn Bourdon garni de sa lame,
La Tasse en laquelle il beuuoit,
La Dague dont il se seruoit
Quand il vouloit tuer le Monde,
L'Auiron dont il fendoit l'onde,
Sa Cuirasse, son Casque aussi,
Ses bottes de cuir de roussi,
Et son gaigne-pain sa trompette
Dont la voix estoit claire & nette,
Le tout fut si bien arrangé
Qu'vn trophée en fut erigé,

Et ce lieu, du nom de cet homme
Mont Misene aujourd'hui se nomme.
Cela fait ce ne fut pas tout.
Æneas pour venir à bout
De son dessein si difficile,
Par les ordres de la Sybille
S'en alla vers vn trou puant,
Entouré d'vn marais gluant,
A couuert du Soleil par l'ombre
D'vn bois épouuentable & sombre.
Ce trou là que ie vous ay dit,
Trou, s'il en fut iamais maudit,
Est l'Enfer qu'il ne vous déplaise,
Si quelque Corneille niaise,
Quelque pigeon, quelque corbeau,
Il n'importe pas quel oiseau,
Sur ce pertuis pestilent vole,
Il pert le souffle & la parole,
(Ie voulois dire le siffler)
Qui pis est il pert le voler,
Et de cet air infect qu'il perce
Trebuche à terre à la renuerse,
Que s'il en reçoit quelque ennui
Il ne s'en doit prendre qu'à lui.

Cette mal-plaisante Cauerne
Est des Grecs appellee Auerne,
Et c'est vers ce vilain trou là
Que Messire Æneas alla :
Quatre Bouuars à noire eschine,
Tous quatre de fort bonne mine,
Bien nourris & morigenez
Deuant lui furent amenez,
Vn Prestre razant à merueilles
De vin leur laua les aureilles,
Puis aprés le bras retroußé
Auecq vn razoir bien paßé,
Leur raza l'entre-deux des cornes,
Dont ils parurent vn peu mornes,
Comme s'ils se fußent doutez
Qu'ils deuoient estre Holocaustez :
Le poil razé des quatre testes
De ces tant venerables bestes,
Fut jetté dedans vn réchault,
Ledit Prestre inuoqua tout hault,
Dame Hecate aux Cieux redoutée,
Autant qu'aux Enfers respectée,
Et puis les quatre pauures bœufs
Furent auecq des couteaux neufs

Eſgorgez, dont ce fut dommage :
Des hommes faits au badinage
Receurent leur ſang tout fumant
Dans de grands plats d'eſtain ſonnāt:
Maiſtre Æneas vn coup deſſerre
D'eſpée ou bien de cimeterre,
(Ie ne ſçay pas des deux lequel
Mais tant-y-a qu'il fut mortel)
Sur le col d'vne brebis noire
Comme l'ancre d'vne Eſcritoire,
Afin d'en regaler la nuit
Dame qui n'aime pas le bruit,
Et la terre autre grande Dame
Qu'en pareille affaire on reclame ,
Puis il occit d'vn meſme fer
Pour la ſouueraine d'Enfer
La tenebreuſe Proſerpine ,
De Pluton femme ou concubine,
La fille vnique d'vn taureau
Incapable de porter veau.
Æneas fit dreſſer la nappe
A Pluton l'infernal ſatrappe ,
Et fit griller pour cet effet
Maint inteſtin tres-putrefait.

Cette

Cette trippe estant embrazée,
D'huille d'olif fut arrozée,
De pareille trippe Pluton
Fut tousiours diablement glouton.
Si tost que la pointe premiere
Se discerna de la lumiere,
La Terre se mit à mugir,
Et fit pâlir, & non rougir ;
Tous ceux qui mugir l'entendirent,
Tous, sans excepter, s'ébahirent :
Et plusieurs Troyens des plus beaux
En inquinerent leurs Houzeaux.
Les forests voisines tremblerent,
& de pied en cap frissonnerent.
Æneas beaucoup s'effraya,
Car plus d'vn mastin abboya
Aux approches de la Deesse,
Et lors la vieille Prophetesse
Parla (ce dit Virgile) ainsi :
Vilains prophanes loing d'ici,
Au moins vne lieuë à la ronde,
Ou que le grand Dieu vous confonde.
Et quant à vous, mon bon Seigneur,
Montrez si vous auez du cœur.

Liure VI.   F

Aussi-tost dit la Sybillotte
Se precipita dans la grotte:
Æneas la voyant dedans,
Prit son fer à donner fendans,
Et quelquefois aussi des pointes,
Le tenant auec les mains iointes
A cause qu'il estoit pesant,
Et qu'il prioit chemin faisant,
Puis suiuant sa guenon de guide
Entra dans la grotte intrepide.
DIEVX qui des païs sousterrains
Estes les Seigneurs souuerains,
Et qui regnez en ces lieux sombres
Sur les morts qu'on nomme les ombres,
Qui parlent moins que des Chartreux,
S'il est vray ce que l'on dit d'eux,
Que vostre obscure seigneurie
M'accorde ce dont ie la prie.
C'est, en mes ridicules vers,
De dire à tors & à trauers
Tout ce qui me vient à la teste,
Et si quelque fat quelque beste,
Dit que i'ay Maron peruerty,
Trouuez bon qu'il en ait menty.

Nous auons laißé Maiſtre Ænée,
L'ame étrangement étonnée,
Le pauuret hazardoit ſes pas
En lieu qu'il ne connoiſſoit pas,
Tenant ſa vieille par ſa queuë,
(Diſons-là de ratine bleuë,
Car pour bien rimer il le faut,)
Ce Seigneur donc en grand ſurſault,
Marchoit la queuë entre les jambes,
Et faiſant force pas yambes,
(Cela veut dire brefs & longs)
Tantoſt marchant ſur les talons
De la Propheteſſe ou ſorciere,
Tantoſt donnant en ſon derriere
De ſon nez, qui tres-long eſtoit
Tout autant de fois qu'il buttoit,
(Butter & broncher l'vn vaut l'autre.)
Mais reprenons le diſcours noſtre,
Et faiſons, comme de raiſon,
Icy quelque comparaiſon.
En cet endroit ici Virgile
Dit qu'Æneas & la Sybille
Auoient l'eſprit bien agité;
Et compare l'obſcurité

Qui leur offufquoit la prunelle,
A la Lune, alors que nouuelle
Vn broüillas qui l'air épaiffit,
La rend blaffarde, ou l'obfcurcit ;
Ou bien à la nuit quand obfcure
Elle rend tout d'vne peinture.
Rien ne fçauroit eftre mieux dit ;
Et ce neantmoins moy petit
Et tres-ridicule Interprete,
Ie dis, fans mépris du Poëte,
Qu'vne lampe fous vn boiffeau,
Ou fi l'on veut fous vn chappeau,
Et mefme fi l'on veut efteinte,
Eft chofe qui rend mieux dépeinte
Les lieux où marchoit Æneas,
Que la Lune auecq fon broüillas,
Ou la nuit quand elle eft obfcure
Et rend tout de mefme peinture.
Finiffons la digreffion,
Et fuiuons la narration.
Nous auons laiffé le bon Sire
Qui n'eftoit pas en train de rire,
Et qui cheminoit à taftons
Aprés la vieille aux longs tetons :

On le receut à grand cortege
En cette infernale Noruege :
Il fut complimenté d'abord
Par le sommeil & par la mort,
Pour luy faire honneur la camarde
Contre son humeur fut gaillarde,
Et pour le sommeil luy parla
Qui cependant tousiours ronfla :
Aprés vinrent les maladies.
Les face toutes enlaydies,
Et puis quantité de vieillars
Tous médisans & babillars,
Qui marchoient deuant la Vieillesse
Qui s'appuyoit sur la Tristesse,
Laquelle tenoit par la main
La Pauureté sœur de la Faim :
Et puis marchoient cent Belles-meres
Qui menoient autant de Beauxperes:
En suite des fils de Putins
Pires tousiours que des Lutins,
Des Gendres, des Brus, des Deuotes,
C'est à dire fausses bigottes,
Qui tiennent que le grimacer
Peut tous les pechez effacer,

Et sans estre humble & charitable
Qu'à Dieu l'on peut estre agreable :
Il y vint aussi des Bigots
Pires que Gots ny Visigots ,
Ce sont les gallans de ces sottes
Que ie vien de nommer bigottes ,
Ces gens-là quoy que doucereux
Sont quelquefois bien dangereux :
Puis vinrent les soins en grand nombre
Tous la face grondeuse & sombre ,
Ils estoient suiuis des Dépits
Autant des grands que des petits :
En suite force Gouuernantes
Toutes les haleines puantes :
Force Pedans & Gouuerneurs
Aussi grands fats , que grands parleurs :
Des Tyrans & des mauuais Princes ,
Vn gros d'Intendans de Prouinces ,
Suiuis de larrons fuzeliers ,
Meslez de quelques Maltoutiers :
De creanciers vne brigade ,
Et des presenteurs d'estocade ,
Enfin tous les maux qu'ici bas
On craint autant que le trespas.

Les Eumenides dont les nuques
Ont des serpenteaux pour perruques :
Et la Discorde dont les crins
Qui luy vont iusques sur les reins,
Sont des couleuvres venimeuses
A considerer tres-affreuses,
Auoient là leur appartement :
Tous ces serpens dans le moment
Que l'on passa deuant leur porte
Sifflerent d'vne estrange sorte,
Maistre Æneas en tremoussa
Sans dire ce qu'il en pensa.
Passant plus outre vn arbre enorme,
(L'Auteur dit que c'estoit vn orme)
Que les vaines illusions
Les songes & les visions
Auoient esleu pour domicile,
Luy fut montré par la Sybille.
Dessous ce grand orme habitoient
De grands Centaures que montoient
Des Guenons à fesses razées,
Quantité de Billevezées,
Monstres auiourd'huy fort frequens :
Force Dragons les dents craquans,

Des Gerions à triple face:
Des Griphons faifans la grimace:
De grands Geans, de petits Nains:
Des Briarées à cent mains:
Et de Chimeres vne troupe
Portant des Gorgones en croupe:
De petits monftres fort mutins
Moitié chair & moitié patins,
Ce font femmelettes gloutonnes
Que l'on nomme courtefeffones,
De vrais diables à la maifon
Dont eft aujourd'huy grand foifon.
Des Harpies maigres & plattes,
Des Caigneux & des Culs de jattes,
A ces vilains vifages-là
D'Æneas le fang fe gela.
Il faifit fon fer par la garde;
Monfieur Æneas prenez garde,
Dift la Sibille, ces vilains
Sont corps fantaftiques & vains
Qui decoupez, ne peuuent eftre:
Mais lui qui n'eftoit plus fon maiftre
Alors qu'il auoit degainé,
Chamailla comme vn forcené,

Et

Et pensant fendre vne Gorgone,
Son coup ne rencontrant personne,
Ce bon Seigneur vn peu trop promt
Donna d'estomac, & de front
En terre, aux pieds de la Sibile,
Qui, comme elle estoit fort ciuile,
Si tost qu'elle le vit tombé,
Iurant en chartier embourbé,
Luy presenta sa pate d'oye,
Et fit reluire quelque ioye
En ses yeux bordez de poils gris
Pour luy remettre les esprits,
Luy disant ce n'est rien beau Sire.
Æneas la voyant soûrire,
Luy qui venoit de se fâcher
Eut grande peine à s'empescher
De luy faire quelque incartade.
Il estoit sujet à boutade,
Dans le moindre mal qu'il sentoit
Ce Prince courtois s'emportoit,
Quoy qu'en vn malheur d'importance
Il n'eust que trop de patience,
Et fust d'vn esprit tres-humain :
Il se seruit donc de sa main

Liure VI.   G

La face vn peu rouge de honte :
Or en cet endroit, dit le conte,
Que tant alla, tant chemina,
Et tant les jambes demena,
Tenant sous le bras la Sybille
Que l'âge rendoit moins agile,
Et qui lui crioit à tous coups
Ænée, où diable courez-vous ?
Qu'ils se trouuerent prés de l'onde
De l'Acheron qui toujours gronde,
Et qui par vn canal bourbeux
A considerer tres-hideux,
Dans le Cocyte se va perdre :
(Rime qui sçait rimer en erdre,)
Ie le laisse à plus fins que moy.
Cet Acheron traisne aprés soy
Vne arene salle & puante,
Et plus chaude que l'eau boüillante,
Vn bastellier nommé Caron
Passe les morts sur l'Acheron ;
Il ne fut iamais creature
De plus mal plaisante structure,
Son visage est coque de noix,
Il se peigne auecq ses cinq doits,

De la sueur que son front suë
Dans son menton barbu receuë
Se fait de crasse un demy doit;
Dans ce menton qui la reçoit,
Cette crasse est perpetuelle,
Et s'étend iusqu'à la mamelle,
Vne grosse chaine de fer
Sert à ce bastellier d'Enfer;
A ceindre vne robe tannée,
Quoy que carcasse décharnée,
Il est fort, tout maigre qu'il est,
(Car les Dieux font ce qu'il leur plaist,)
Et n'est Espallier de Gallere
Battu d'vn Comite en colere,
Qui rame si viste & si fort
Que ce nautonnier de la mort.
Là comme des poulles moüillees
Les ames des corps dépoüillees
Attendent sur le bord de l'eau
L'heure fatale du basteau.
Comme on voit au mois de Decembre,
(Ie me trompe c'est en Nouembre.)
Comme on voit donc en ce temps-là
Cheoir les feüilles deçà, delà,

Les mouches d'Esté sont moins druës
Que ces feüilles des vents battuës,
Et les champs auparauant vers
De feüilles mortes sont couuerts.
Ainsi les Esprits en grand nombre
Se morfondent en ce lieu sombre,
Graces au Bastellier grizon.
Va, d'vne autre comparaison,
Si l'on improuue la premiere
On pourra prendre la derniere.
Comme les oiseaux passagers
Qui sont parmi nous estrangers,
De crainte du froid qui nous gele,
Gaignent l'Affrique à tire-d'aile,
Vous les voyez en grands troupeaux
Assemblez sur le bord des eaux,
Où la carauane legere
De son voyage delibere :
Ainsi ces Esprits sur le bord
De la riuiere de la mort
Attendent à grande mal-aize
Qu'à ce vieil Nautonnier il plaise
Les receuoir en son esquif ;
Mais le vilain rebarbatif,

Plus qu'aucun baſtellier dés noſtres,
Pouſſe les vns, frappe les autres,
Et ne paſſe que qui luy plaiſt
Le fantaſque animal qu'il eſt.
Ainſi ſur ce bord effroyable
La troupe d'eſprits miſerable
Attend que ſon terme accompli
Elle paſſe l'eau de l'oubli.
Maiſtre Æneas eut l'ame émuë
De voir cette grande cohuë,
Et battre à ce vieil inhumain
Ces Eſprits nuds comme la main:
La Vieille ſe mit à luy dire,
Ne vous eſtonnez pas beau Sire,
Tous les Eſprits infortunez
Qui ſont morts ſans eſtre inhumez :
Tous ceux qui ſans payer leurs dettes
Ont laißé leurs mortels ſquellettes,
Attendent là, durant cent ans,
Mourant de froid, claquans les dens,
Que cet officier de la Parque
Dans ſa nacelle les embarque,
Ce temps-là fait ce vieil Caron
Les paſſe à force d'auiron

De là ce fleuue tant à craindre,
Stix, par qui iure sans enfraindre
Vn si grand & sacré serment,
Iuppin le Roy du firmament,
Æneas perdit contenance
A cette horrible penitence,
Car il empruntoit volontiers,
Et faisoit force creanciers,
Prenoit à credit auecq ioye
Sans débourser or ny monnoye,
Mais pour quelque beau compliment
Il en donnoit, & largement.
Sur ces ames non inhumees
De long-temps attendre enrhumees,
Comme il faisoit reflexion,
Auecq grande compassion,
Il vit Licaspe & Maistre Oronte
Qui d'estre morts auoient grand honte,
Ces pauures gens auoient peri
Dont il auoit esté marri,
Quand à la coste de Cartage
Il pensa perir par l'orage
Que la Iunon lui suscita,
Quand le Dieu des eaux mal-traita

De mainte outrageuse parole
Et les vents leur Prince Æole :
Cet obiet le fâcha beaucoup :
Mais il receut vn rude coup
Quand il apperceut Palinure
En tres-grande déconfiture,
Cher ami, dit-il, est-ce toy ?
Qui te presentes deuant moy,
Appollon me la bailla bonne,
Quand il m'a dit que ta personne
En Italie arriueroit,
A si grand Dieu qui ne croiroit ?
Et cependant mon cher compere
Je te voy, dont ie desespere,
En Enfer qui cherches party,
Et ce braue Dieu m'a menty :
Mais di-moy, mon cher camarade,
Comment fis-tu cette cascade ?
Di-moy, la fis-tu de ton chef
Ou si tu la fis par mechef ?
Quelque Dieu m'auroit bien la mine
D'auoir fait l'action maline
A la priere de Iunon
Qui ne fit iamais rien de bon,

Si de ta mort vn Dieu fut cauſe
Ce Dieu là ne vaut pas grand choſe,
Et ce doit eſtre quelque Dieu
D'ame baſſe, & né de bas lieu.
Palinurus répondit: Sire
Vous ferieʒ mieux de ne rien dire,
Apollon a dit verité;
Nul Dieu ne m'a precipité :
Soit que ie ne ſois qu'vne beſte,
Que mon cul emportaſt ma teſte,
Ou ma teſte emportaſt mon cu,
D'vn trop peʒant ſommeil vaincu,
Je tombay de voſtre Gallere
Comme vn lourdaut dans l'onde amere,
Tenant toujours mon gouuernail :
Pour vous dire par le détail
Comme cette choſe eſt allee,
Me trouuant dans l'onde ſallee
Sans perdre l'eſprit ny l'eſpoir
Mes membres firent leur deuoir
De me porter iuſqu'à la terre,
Les poiſſons me firent la guerre,
Ie me ſentis plus de cent fois
Mordre en ie ne ſçay quels endroits

Que par respect ie n'ose dire,
Ie n'auois pas sujet de rire,
Ie maudis en mille façons,
Et la mer, & tous ces poissons,
Vous, le voyage, & la gallere,
Mais aussi i'estois en colere :
Enfin ayant nagé long-temps
En dépit des flots inconstans
Je me vis maistre du riuage ;
Mais vne nation sauuage
D'vn roc où ie m'estois juché
M'ayant rudement déniché,
Ie bus sans en auoir enuie
Assez pour en perdre la vie :
Tellement que mon corps enflé
Cà & là par les vents soufflé,
Erre, flottant de plage en plage,
Ioüet du vent & de l'orage.
Ce consideré, Monseigneur,
Tirez-moy d'vn si grand malheur,
Et que ma carcasse moisie
Dans quelque boëste bien choisie
Soit par vous mise en son repos,
Vous ne pouuez plus à propos,

Car vne ame est fort mal contente
Lors que sa charogne est flottante ,
Si cela doit durer long-temps ,
(On m'a dit que c'estoit cent ans,)
Ie suis pour faire en ces lieux sombres
Vn bruit à faire peur aux Ombres ;
Mais prenons vn plus court chemin,
Donnez-moy vostre blanche main
Quand vous passerez le Cocyte ,
Ie veux , si la mienne la quitte ,
Que le méchant vilain Caron.
M'assomme à grands coups d'auiror̃.
La Sybille prit la parole.
Quoy ? pretendez-vous, teste folle,
D'estre ainsi dans l'Enfer admis
Deuant que d'estre en terre mis ?
Voyez le beau Heros de neige
Pour auoir vn tel priuilege ,
L'ordre establi par les grands Dieux
Se changera pour vos beaux yeux ,
Ce seroit vne belle chose ;
Voudriez-vous bien estre cause
Qu'Æneas pour vous fust desdit,
Et mist en hazard son credit ?

N'y songez donc pas dauantage,
Pauure fou, si vous estes sage:
Mais de moy vous allez ouïr
Ce qui vous pourra réjoüir.
Les habitans de la contrée
Qui vous refuserent l'entrée
En leur riuage discourtois,
En ont depuis mordu leurs doits;
Mille prodiges effroyables
Les ont rendus tres-miserables,
Ils ont eu long-temps a prier;
Finalement pour expier
Vne si criminelle offence,
Ils vous ont mis auecq dépence
Dans vn pot de fayance, ou grez
Qu'ils ont fait achetter exprez,
Et nomme le lieu, Palinure,
Afin que la memoire en dure.
L'espoir d'vn si beau monument
Le satisfit aucunement,
Il mit fin à sa doleance,
Fit vne basse reuerence,
Et ioignit les autres Esprits.
Cependant le fils de Cipris

Suiuant ſa vieille Martingalle
Aborda la riue infernalle,
Caron le voyant approcher
Ne manqua pas de ſe faſcher,
Et dit d'vne voix enrhumée,
Ombre pour ces lieux trop armés,
Et pour la barque de Caron,
N'és-tu point quelque fanfaron
Qui par quelque ſotte gajeure
Viens icy faire vne braueure?
Si le braue fils d'Alcmena
Quoy que viuant, ſe promena
Dans noſtre campagne Eliſée,
Si Pirithoüs, & Theſée
Faiſant comme luy les fendans
Y ſont entrez malgré mes dens,
Sans leurs grandes rodomontades,
Et meſme quelques baſtonnades,
Pas vn d'eux n'euſt eſté receu,
Quoy que d'vn Dieu chacun iſſu,
Et vaillant comme ſon eſpée,
Mais vne perſonne frappée
Souffre tout par neceſſité:
L'vn d'eux fut aſſez effronté

Pour mettre aux fers le chien Cerbere,
Et pour comble de vitupere
Le tirer à coups de baston .
D'entre les jambes de Pluton :
L'vn d'eux, à Dame Proserpine,
Qui, quoy qu'infernale est diuine,
Oza presenter son labeur,
Mais la Dame pleine d'honneur
Rougit de honte, ou de courage,
D'vn busc lui marqua le visage,
& grand coup de pied lui donna
Dans ce, qu'vn chapon iamais n'a :
L'insolence fut fort blâmee,
Proserpine fort estimee,
Pluton de colere embrazé,
& l'Enfer fort scandalizé
On me diminua mes gages,
On me fit garant, des dommages
Qui pourroient encor arriuer,
Allez donc sans plus estriuer
Chercher ailleurs vostre aduenture.
Ou sur vostre peau molle ou dure
Ie feray ioüer l'auiron
Du Bastellier d'Enfer Caron.

A la Harangue Caronefque
Qui tenoit vn peu du Burlefque,
Quoy que là vray-femblablemens
On parle fort mal plaifammens,
La Vieille fit cette refponce.
Vieillard plus piquant qu'vne ronce,
Point de colere, entendons-nous,
Parlons tout bas, & filons doux;
Vous voyez ici Maiftre Ænee,
Vne perfonne auſſi bien née
Qu'il en fut iamais en Paris,
Enfant bien-aimé de Cipris,
Point Mazarin, fort honnefte homme,
De qui le fondateur de Rome
En vn temps par les Dieux prefix
Doit deriuer de pere en fils;
Il ne vient point ici pour noize,
Ni pour y viure à la Françoize,
C'eft pour voir fon pere Anchifez,
Pour lui confulter vn procez,
Et la caufe aduerfe ou heureufe
De fa pofterité nombreufe
Qui dans le monde florira,
& pourtant s'abaftardira,

Dont ie dirois bien quelque chose,
& dont ie me tais, & pour cause;
Au reste Cerbere le chien
De lui ne doit redouter rien,
Estant Gentil-homme de race
Il aime les chiens & la chasse,
Il n'est yvrogne, ni paillart,
& Pluton n'est point au hazard
De voir par lui faire insolence
A Proserpine, en sa presence,
Comme Hercule le brutal fit.
Qui (dittes vous) vous déconfit,
A qui, quoy que desia Celeste,
Celui-ci ne doit rien de reste:
Si nonobstant ce que ie di,
Vous estes assez estourdi
Pour faire le Suisse implacable,
Et le Nocher inexorable,
Nous auons vn bon passeport,
Outre qu'il sera le plus fort
& pourra joüer de la dague,
Venez donc, ou ie vous incague,
Nous prendre dans vostre basteau:
Æneas montra le rameau;

En voyant la branche doree
L'humeur fiere fut temperee,
& rit un peu, qui le croiroit ?
Mais pour de l'or qui ne riroit ?
Au rameau d'or il fit homage.
Fit ioindre sa barque au riuage,
Fit sortir quantité d'Esprits
Qui desia leur place auoient pris ;
La trouppe du basteau chassee
En sortit la teste baissee,
Ce ne fut pas sans se fascher,
Et sans dire, foin du Nocher,
D'Æneas, de celle qu'il mene
& leur double fievre quartaine ;
Ils auoient fort saly son bac,
Il en nettoya le Tillac,
Et puis receut en sa nacelle
Ænée, & la vieille Pucelle :
La fresle nacelle gemit
Quand Æneas les pieds y mit,
Et receut l'eau par plusieurs fentes
A cause des armes pezantes,
Des deux corps viuans, du Rameau,
Poids insuportable au basteau,

Qui

Qui n'aime point les ames lourdes,
Quelqu'vn dira,ce sont des bourdes,
Et les ames n'ont point de poids;
Telle ame en peze plus de trois,
Et i'en connoy de tres-pezantes
Mesme sans leur poids, mal-plaisantes,
Et Dieu sçait si Caron est sourd
Quand il rencontre vn esprit lourd,
Tel esprit lourd, sur ce riuage
A payé deux fois son passage,
Et quoy qu'il ait deux fois payé
N'a laißé d'estre rudoyé.
De Caron la rudeße extréme
Deuint douce comme la cresme,
Il offrit le plus bel endroit
Au Troyen dans l'esquif estroit;
Le Troyen tenoit la Pucelle
Ciuilement deßous l'aißelle,
Parce que son corps chancelant
Branloit dans le basteau branlant;
Æneas voyant l'onde noire
Moüiller ses pieds,eut peur d'en boire.
Caron qui le remarqua bien
Luy dit, n'ayez peur,ce n'est rien,

Liure VI.   I

Et cependant à l'autre riue
Comme insensiblement arriue
Le basteau, d'où Maistre Æneas
Fit vn sault, sans quitter le bras
De la Sybille, qui tirée
Deuant que d'estre preparée,
Fit vn parterre, & mit au iour
Vn remede contre l'amour,
Vne fesse tres-décharnée,
Dont auroit bien ry Maistre Ænee,
Mais par respect il se mordit
Les leures, & la main tendit
A la Sybille, desolée
D'auoir sa fesse reuellée,
Qui pourtant par discretion
N'en fit point demonstration.
Vn antre obscur à l'opposite
Du port de l'infernal Cocyte
Loge le chien triple gozier
Cerbere, de l'Enfer portier;
Ce chien, qui de loin sent son monde,
Et qui sans cesse ou jappe, ou gronde,
Quand Æneas vers luy tira
Ses jappemens reitera:

Desia les bestes serpentines
Qui de ses trois testes canines
Sont les barbes, & l'ornement,
Se dressoient effroyablement,
Mais la Vierge bien aduisée
D'vne ample souppe composée
De miel, & de fort Opion
Lui fit vne collation,
La beste la prit de vollee,
Puis aprés comme ensorcellee
Le long de son infame trou
S'endormit comme vn homme sou.
Maistre Æneas prudent & sage
Occupa bien-tost le passage,
Et dans l'Enfer enfin entra,
Voici ce qu'il y rencontra.
Premierement en ce lieu sombre
Il entendit les cris sans nombre
D'enfans jettez dans les priuez,
Du iour cruellement priuez
Par maintes femmes indiscrettes
Qui les ont bastis en cachettes;
Ces pauures enfans font grand bruit,
Et braillent le iour & la nuit,

Peut-estre faute de Nourrice,
Ceux que pend à tort la Justice
Par la cruauté du destin
Qui n'est sans doute qu'vn Lutin,
Qui fait tout sans poids, ny mesure,
Et sert, ou nuit à l'auenture,
Font mille clameurs sans succez,
Pour faire reuoir leur proceZ,
Ils parlent tous à tuë testes,
Minos qui reçoit leurs requestes
President du Parlement noir,
Ne fait que placets receuoir,
Et ce qui fait creuer de rire
Comme il les reçoit les déchire,
Maint Auocat porte bonnet
Qui trahit son client tout net
En proceZ, ou bien arbitrage,
Reçoit en ce lieu maint outrage,
On le fait ronger par des rats,
Ou l'on l'assomme à coups de sacs,
Maintes DonZelles fausses prudes
Qui deuant les gens font les rudes,
Et dans le premier lieu caché
Se donnent à fort bon marché,

Quoy qu'auares comme choüettes,
Mais moins auares que coquettes,
Ont là toujours la braize au cu,
Qu'attise quèlque franc cocu,
Qui les brusle par les parties
Dont elles se sont diuerties;
Ce cocu si mal employé
D'autres cocus est relayé,
Ces femmes leur chantent goguettes:
Si bien que cocus par coquettes
Sont punis auec equité
Du crime qu'ils ont fomenté;
Tandis qu'vn des cocus s'employe
A flamber ces filles de ioye,
Les autres de cornes armez,
Et l'vn contre l'autre animez,
A coups de cornes meurtrieres
S'entre-rompent dans les visieres.
Ceux qui se sont donnez la mort
Qui ne leur déplaise, ont eu tort,
Regrettent en vain la lumiere
D'vne épouuentable maniere,
Bien fâchez d'auoir éuité
Le froid, la faim, la pauureté,

Et d'autres accidens semblables ,
Et rendent les gens miserables ,
Aux despens du plus precieux
Des biens que nous donnent les Dieux,
Du riche tresor de la vie
Qu'ils se font eux-mesmes rauie :
Dans l'enceinte de neuf canaux
Que le Stix forme auecq ses eaux,
Ces pauures assassins d'eux-mesmes
Endurent des tourmens extrémes
Pour auoir auancé leur mort ;
Là l'vn sur l'autre ils font effort
De se donner des coups d'épées ,
Ces ames n'en font point frappees ,
Et neantmoins ne laissent pas
D'endurer pis que le trépas ,
A chaque coup qu'elles se donnent
De frayeur froide elles frissonnent :
Et cette frayeur en Enfer
Fait bien plus de mal que le fer.
Tout auprés , de pauures Poëtes,
Qui rarement ont des manchettes,
T recitent de pauures vers,
On les regarde de trauers ,

Et perſonne ne les écoute,
Ce qui les fâche fort ſans doute ;
En la noire habitation
Il en eſt plus d'vn million.
Comme à Paris, choſe certaine,
Chaque ruë en a la centaine
De ceux qu'on appelle plaiſans ;
Rimeurs Burleſques ſoy diſans,
Du nombre deſquels on me conte,
Dont i'ay ſouuent vn peu de honte,
Et pour en auoir tant gaſté
Peur d'eſtre en Enfer arreſté.
Reprenons nos ames damnees.
Celles qu'amour a forcenees
En des champs de mirtres couuers,
Qui là ſont noirs, & non pas vers,
Reſſentent les rigueurs encore
Du feu d'amour qui les deuore ;
La Phædre y traiſne ſon licou,
Procris s'y cache, & fait le loup
Pour découurir à quoy Cephale
S'amuſe auec l'aurore paſle :
Et mille autres comme Euadné,
Eriſiphille, & Paſiphaé,

Laodamie, item Cœnée
Iadis fille, & puis guerdonnee
Par l'humide Dieu du poiſſon
D'eſtre iuſqu'à ſa mort garçon,
Mais aprés ſa mort la pauurette
De garçon redeuint fillette.
Parmi ces bonnes Dames-là,
Æneas vit, & ſe troubla,
Didon, la pauure Tyrienne,
Pour lui chaude comme vne chienne.
Mais l'honneur, & ſon caueſſon
Le rendit pour elle vn glaçon;
Il euſt éuité ſa rencontre,
Mais pourtant ſe trouuant tout contre
Et ne pouuant plus reculer,
Il iugea qu'il falloit parler.
O belle en qui ſouuent ie penſe,
(Cria-t'il perdant contenance)
On dit donc vray, quand on me dit
Que voſtre Alteſſe, de dépit
De ce que ie l'auois laiſſee
S'eſtoit la poitrine percee,
Sur ma foy vous euſtes grand tort,
Car vn viuant vaut bien vn mort:

Pour

Pour moy ie ne voudrois pas faire
Vn acte à l'homme si contraire,
Vous auriez fait plus sagement
Si vous auiez fait autrement,
Ce qui me choque en cette chose
C'est qu'on m'a dit que i'en suis cause,
Pourquoy m'aimiez-vous tant aussi ?
Pour moy, ie ne fai pas ainsi,
Ie n'aime qu'autant que l'on m'aime,
Me laisse-t'on, ie fay de mesme :
Quand les Dieux me firent sçauoir
Par Mercure qui me vint voir
Qu'il falloit fuir de vitesse,
I'en pensay mourir de tristesse,
Car vous auez vn cuisinier
Que ie ne sçaurois oublier,
Auecq vous ie faisois gogaille,
Et i'estois comme vn rat en paille,
I'estois bien chaussé, bien vestu,
Mangeois à bouche que veux-tu,
Ie battois tous vos domestiques,
Et de presens fort magnifiques
Vostre main au bras potelé
M'a souuentefois regalé;

Liure VI.   K

Au lieu que depuis les tempeſtes
Qui ſont de dangereuſes beſtes
M'ont fait ſouuent dans mes vaiſſeaux
Vomir , & tripes , & boyaux ;
Mille fois au fort de l'orage
I'ay regretté voſtre Cartage ,
Autant en emportoit le vent ,
Si vous ſçauieZ combien ſouuent
Regrettant vos aimables charmes ,
J'ay moüillé ma barbe de larmes ,
Combien de fois i'ay compoſé
Maint Anagramme mal-aiſé
Sur Didon la Phenicienne ,
Mis voſtre deuiſe & la mienne
Sur des arbres , quand i'abordois
En quelque port voiſin d'vn bois ,
Vous dirieZ , ô belle irritée !
Ie me ſuis vn peu trop haſtée ,
Et vous ne condamneriez pas
Sans l'ouyr , Meſſire Æneas ,
Qui parle auec tant de franchiſe.
Mais elle d'vne mine griſe
Paya ce joly compliment
Sans s'ébranler aucunement

Des beaux endroits de sa harangue,
Et lui tirant vn pied de langue,
Rendant son visage vilain,
Faisant les cornes d'vne main,
Et de l'autre vne petarrade,
Et sur le tout, vne gambade,
Le laissa pleurer tout son sou.
Quelque Auteur, il faut qu'il soit fou,
Escrit, que cette ame damnee,
Dit au Reuerend Maistre Ænee,
Allez vous faire tout à droit;
Ce seroit vn vilain endroit
En mon Liure, & cette parole
D'vne ombre tant soit-elle folle
Est indigne à mon iugement;
Ie ne la croy donc nullement,
Et m'arreste à mon grand Poëte
Qui dit, que l'incartade faite
Elle courut en faire part
A Sichaus le vieil penart,
Qui lors possedoit toute entiere
Cette ame de soy meurtriere,
Qui l'aimoit au petit doit, lors
Plus qu'Æneas en tout son corps.

Æneas demeura fort trifte,
Et l'euft bien fuiuie à la pifte,
Mais la vieille lui confeilla
De ne fonger plus à cela,
Et s'il pouuoit mefme d'en rire.
Mais quoy que la vieille puft dire,
Il ne trouua nullement bon
Le fier procedé de Didon,
Et pourtant comme il eftoit tendre
Ses yeux furent veus eau répandre,
Je croi vous auoir defia dit
Qu'il donnoit des pleurs à credit,
Et qu'il auoit le don de larmes.
Il apperceut de loin des armes,
Et n'en fut pourtant pas furpris,
Ayant de la Sybille appris
Que c'eftoit le quartier des braues,
Quoy qu'ils euffent les faces haues
Il reconnut pourtant d'abord
Ceux d'entr'eux, dont auant la mort
Il auoit eu la connoiffance:
Ces Enfans de Dame vaillance
Exerçoient encor en Enfer
Le meftier de battre le fer.

Ces ames fieres, & cruelles
Ne parloient là que de querelles,
Et faiſoient chacun à leur tour
Des armes tout le long du iour,
Diſons plutoſt à la chandelle,
Car là, la nuiĉt eſt eternelle,
Aumoins vn certain iour meſlé
Entre chien & loup appellé :
Parmi tous ces traiſneurs d'eſpee
On lui fit voir Partenopee,
Tydee, Adraſte, & maints auſſi
Qui ne ſont pas nommez ici :
Puis d'entre les ombres Troyennes,
Ses connoiſſances anciennes
Viennent à ſon cou ſe jetter,
Quand de ioye il les voit ſauter,
Dieu ſçait ſi le Seigneur de ioye
D'humides pleurs ſa face noye.
Glaucus l'ami de Sarpedon,
Les enfans d'Antenor, Medon,
Terſilochus, & Polibette,
Idaus qui là bas foüette
Comme en ſon viuant il faiſoit
Lors que des chars il conduiſoit,

I iij

Ces braues gens à noſtre Sire
Firent force contes pour rire,
Et taſcherent de l'amuſer,
Mais ils ſe firent refuſer.
En ſuite aux Grecs qui l'entreuirent
Ses armes grande frayeur firent,
Quelques vns pourtant tinrent bon,
Les autres de grande randon
L'œil effaré, la face bleſme,
Gagnerent au pied, tout de meſme
Qu'alors qu'il brûla leurs vaiſſeaux
Et fit le fendeur de nazeaux,
La pluſpart d'eux dans leurs retraites
Crierent comme des choüettes,
Æneas en rit comme vn fou,
Et fit aprés eux, hou, hou, hou.
Puis il rencontra Deiphobe,
Au lieu d'habit, ſoutane, ou robe,
N'ayant qu'vn méchant caneçon
Jl auoit méchante façon,
Ses Nazeaux montroient ſa ceruelle,
Et ſa teſte qu'il eut fort belle,
Eſtoit lors comme vn gros oignon,
Chaque bras n'eſtoit qu'vn moignon,

&) ses temples de sang soüillees
D'aureilles estoient dépoüillees:
Aussi-tost qu'il eut discerné,
Ce Prince si mal attourné,
Et qui lui montroit les posteres
Afin de cacher ses miseres,
Mon cher Deiphobe, ha vrayment
Te voila basti plaisamment,
Est-ce point qu'en Enfer on pince
Aussi bien sur la peau d'vn Prince
Que sur quelqu'autre moindre peau,
Cela ne seroit gueres beau;
Ie t'ay cru mort comme maints autres
Dans la destruction des nostres,
Et si bien mort, que ie t'ay fait
Vn vain tombeau pour cet effect
Auprez du riuage Roethée,
&) dont la memoire est restée.
Il se teut, aprez qu'il eut dit,
Voici ce qu'on lui répondit:
Ie vous suis, Monseigneur & Maistre,
Obligé ce que l'on peut estre,
Vous vous estes bien aquitté
Des deuoirs de la pieté,

Et vous ne deuez, iamais craindre
Que de vous l'on m'entende plaindre;
Ie suis mort par la trahison
De la Putain, dont vn Oizon
Fit la mere fille de ioye,
Ce fut Iuppin qui faisant l'oye
Mit cette bonne Dame à mal:
Or sa fille estrange animal,
Garce à loup, fatale furie
A ma mal-heureuse patrie,
Et qui par les mains d'vn bourreau
Doit finir au bout d'vn cordeau:
Quand par vn trou de la muraille
Le cheual à la riche taille
Entra dans Troye, & nous perdit;
Cette adultere que i'ay dit
Qui sçauoit bien la manigance,
Sur vne Tour fit vne dance,
Et sous ombre de pieté
Par vn flambeau dont la clarté
Seruit aux ennemis de signe,
Nous trahit, la caroigne insigne,
Se promettant que son Cornart
Prendroit la chose en bonne part:

La nuict

La nuict que i'estois auprez d'elle,
Voyez vn peu quelle infidelle,
Me voyant de mes sens priué,
Sous ombre d'aller au priué,
Elle emporta mon Cimeterre;
Puis elle courut à grande erre
Aux ennemis, ouurir mon huis,
Dieu sçait se voyant introduits
Si ces faux vilains m'épargnerent,
Vous voyez, comme ils me traiterent,
Et par là vous m'auoüez bien
Que Putain ne vaut iamais rien.
Mais vous, incomparable Ænée,
Contez-moy vostre destinée,
Est-ce fortune, ou desespoir,
Qui vous met en ce païs noir.
Ce n'est, dit-il, ny l'vn ny l'autre,
C'est pour parler au pere nostre,
L'ayant veu, ie ne pense pas
Qu'on me reuoye aux pays bas,
Ie me déplais parmi les ombres,
Et ie hay les demeures sombres.
Cependant qu'il disoit ceci ;
L'Aurore au teint d'amant transi

Liure VI.   L

Du blondin Phœbus la fourriere,
Auecq sa blaffarde lumiere,
Diffipoit le nuage efpais
Dont la nuict noire comme geais
Obfcurciffoit l'efpace vuide,
Qui fepare la Terre humide,
D'auecq la Celefte maifon:
La Vieille eut, comme de raifon,
Grande peur, que Meffire Ænee
Ne caufaft toute la iournee,
Et partant le temps limité.
Faute d'en auoir profité,
Ne fe paffaft à ne rien faire.
Ceci foit dit fans vous déplaire,
Il ne falloit pas tant ozer
Pour venir feulement iazer,
Finiffez voftre iazerie,
Et confiderez, ie vous prie,
Si c'eft pour faire le piteux
Que nous fommes ici tous deux:
Ce chemin qu'à droite on découure
Droit comme vn fil, conduit au Louure
Qu'habite le Seigneur Pluton,
L'autre à la Geolle, où maint glouton

Pour auoir fait des cas atroces
Est par des Bourreaux bien feroces,
Tourmenté le iour & la nuit;
La Vieille ayant fait tant de bruit.
O vieille Patrone des gaupes
Ie rentre au Royaume des taupes,
Ne fut-ce que pour ne voir pas
Vostre visage de Choucas.
Deiphobe la chose dite
Se mit habillement en fuite,
Car la vieille qui s'échauffoit
Infailliblement le coëffoit
De l'vne & l'autre de ses pattes,
Sans doute aussi larges que plattes.
Le chemin qui meine au manoir
Du Roy d'Enfer, Pluton le noir,
Est celui des champs Elizées,
Où les ames moralizées,
Ou pour parler plus nettement,
De ceux qui bien moralement
Se sont gouuernez en ce monde
Logent, sans trouuer qui les gronde,
Sans y trouuer de grands parleurs,
De creanciers, d'estocadeurs,

De faux mangeurs de Patenoſtres,
Gens qui font enrager les autres,
Dont ici bas les gens de bien
A mon gré ſe paſſeroient bien:
Des cris qui ne ſont pas de ioye
Se font entendre en l'autre voye,
Æneas y iettant les yeux,
Vit vn Fort, ample, & ſpacieux,
Qui ſitué ſur vne roche
Eſtoit de difficile approche;
Des Baſtions de diamant
Le fortifioient diablement,
Les Dieux du Ciel auroient beau faire,
Ils n'y feroient que de l'eau claire,
Quand bien la charge ils doubleroient
Aux Tonnerres qu'ils tireroient:
Phlegeton, vn fleuue de ſouffre
Court à l'entour creux comme vn gouffre
Et roule à grand bruit du braʒier
Au lieu de ſable, & de grauier:
Vne tour qui flanque la porte
Si haute (ou le Diable m'emporte)
Qu'elle atteint au plancher d'Enfer,
Eſt toute d'acier, & de fer;

Tisiphone en est la portiere,
Caroigne aussi superbe, & fiere,
Que le Portier d'vn fauory ;
La vilaine iamais n'a ry,
Et sans cesse d'vne massuë
Sur quelqu'vn, quelque grand coup ruë,
Elle n'a qu'vn court hocqueton
Pour mieux iouër de son baston,
Et sa chemise de sang teinte
D'vne chaisne de fer est ceinte
Faite en cordon de S. François,
Dont la méchante à chaque fois
Que quelque ame là dedans entre,
Vous me le frotte dos & ventre ;
Tant sont fâcheux les accidens,
Et de la porte, & du dedans.
Le bruit des grands coups qui se donnent
Et des estriuieres qui sonnent,
Se mesle, auecq les hurlemens
De ceux qui sont dans les tourmens :
Æneas eut l'ame estonnee
Du bruit de la trouppe damnee,
Et des grands cris qu'elle iettoit :
Il demanda ce que c'estoit :

La Vieille lui répondit. Sire,
Ie m'en vais à peu prés vous dire
Tout ce que i'en ay pu sçauoir.
Quand Hecaté me fit auoir
Comme à sa seruante ancienne,
Dans la forest Tartarienne
Droit de chasse, & de me chauffer,
Et l'Intendance de l'Enfer;
I'acquis de toute Diablerie
La pratique, & la Theorie;
Le grand, & petit Chastellet
N'ont rien de funeste, & de lait,
Auprés de ce Chasteau terrible,
Aux gens de bien inaccessible.
Radamante effroyable à voir
En soutanne de bougran noir
Sur vn siege de fer preside,
Ouc ne fut Iuge plus rigide,
Les Commissaires d'auiourd'huy
Sont des moutons auprez de luy,
Quoy qu'en matieres criminelles
Nous ayons de doctes ceruelles:
Quoy qu'il iuge en dernier ressort
Il ne iuge personne à mort,

On ne voit que roüer, que pendre,
Qu'écorcher, que scier, que fendre,
Ceux que l'on a precipitez
Sont bien-tost en haut reportez,
Pour refaire autre cullebutte ;
Aux mal-heureux que l'on charcute
Reuient vne nouuelle peau
Pour les charcuter de nouueau :
Là le feu qui rien ne deuore
Ayant brûlé rebrûle encore,
Auſſi-tost que l'on eſt grillé
Dans de l'eau froide on eſt moüillé,
Et puis l'on remet ſur la braize
Où l'on ſe ſeiche tout à l'aize :
Les Bourreaux de ces mal-heureux
N'ont guere meilleur marché qu'eux,
L'impitoyable Tiſiphone
D'vn vilain ſerpent ſur eux donne,
Et ce gros Diable de ſerpent
Toûiours leur donne vn coup de dent ;
Ses ſœurs auſſi méchantes gouges
Et de ſerpen's, & de fers rouges,
Frappent infatigablement,
Hurlant ſans ceſſe horriblement,

Qui pis est les méchantes raillent
A chaque horion qu'elles baillent :
Ce Iuge criminel d'Enfer,
Vray cœur de bronze, ou bien de fer,
En veut sur tout aux Chattemittes,
Aux faux beats, aux hipocrites,
Quand il en attrape quelqu'vn
De leur chair il fait du petun,
Et ce petun le deconstippe
N'en auroit-il pris qu'vne pippe.
Comme la Vieille caquetoit,
Et que le Troyen l'écoutoit,
Les portes du Chasteau s'ouurirent,
Et le secret en découurirent,
Lors la Vieille. Voyez vn peu
Ces bestes vomissant du feu,
Elles sont les cinquante testes
De la plus horrible des bestes,
D'vn grand Hydre, la garnison
De cette infernale maison ;
Remarquez bien de quelle sorte
Il deffend le seüil de la porte,
Et s'il manquoit à son deuoir
Comment auroit-on le pouuoir

D'entrer

D'entrer dedans *sans dire gare* ?
Puis que le fleuue de Tartare
Dans le fonds d'vn gouffre, aussi creux
Qu'est distant de ces lieux affreux
Le Ciel où Iupiter habite,
Comme vn torrent se precipite ,
Et puis s'estant precipité
En sort comme ressuscité ;
Espouuentable est la cascade ,
Et qui pourroit d'vne enjambade
La passer sans tomber dedans ,
Prendroit le Ciel auecq les dens,
Et seroit pure réuerie
De croire que par gallerie
Vn si large & profond fossé
Peust aysément estre percé.
Là, les fiers enfans de la terre ,
Pour auoir fait au Ciel la guerre
Sont cent pieds sous terre enfoncez
& puis aussi-tost rehaussez.
Les Aloïdes ames fieres
S'entredonnent les estriuieres.
Et Salmonée est petardé :
Ce brutal , sur vn char bardé ,

Liure V I.   M

Moitié petard, moitié fuzée,
Par toute la Grece abuzée,
Ayant contrefait les éclairs,
Et les canonnades des airs,
Dépença tout son fait en poudre,
Le Roy du Ciel joüa du foudre,
& ce fanfaron abuzé
Aux yeux de tous fut écrazé.
Là, le grand Diable de Tytie,
Masse de chair fort mal baftie,
Couure de ses membres pezans
Vn espace de neuf arpens ;
Vn furieux oiseau de proye
Sans cesse luy ronge le soye,
Mais quoy qu'incessamment rongé
Il ne sera iamais mangé.
Jxion hurle sur sa roüe.
Pyritoüs perd ce qu'il joüe,
Ce qui le faict bien enrager.
Tantale enrage de manger,
De mets frians sa table on couure,
Aussi-tost que la bouche il ouure
Pour en manger son chien de sou,
Crac ; ils s'en vont ie ne sçay où ;

Sa faim croiſt, les viandes reuiennent,
Sur leurs gardes elles ſe tiennent,
Et diſparoiſſent de nouueau
Quand il penſe en prendre vn morceau,
Si bien qu'enragé, maigre & bleſme,
Il fait vn eternel Careſme,
Quoy qu'il croye auecq tant de plats
Eſtre touſiours au Mardi-gras.
Prez de luy ſont les Parazites,
Rongez lentement par des mites.
Ceux qui haïſſent leurs Parens,
Les Peres & Meres Tyrans,
Les enfans qui battent leurs Peres,
Rencontrent là des Belles-meres,
Belle-mere eſt vn animal
Qui plus qu'vn Diable fait du mal,
Et ie croirois bien qu'vn Beau-pere
Vaudroit bien vne Belle-mere,
Et ie n'eſtime gueres plus
Les Beaux-freres, Gendres, & Brus,
Qui le ſçait par experience
A bien beſoin de patience.
Maint compatriote de Lot
Souffre là pis que le fagot,

On luy laue de feux liquides
Ses infames Hemorroïdes.
Mainte Tribade au cul trop chault
N'a, là, pour siege qu'vn réchault.
Les mangeuses de Patenostres,
Tousiours en effroy pour les autres,
Pour elles en tranquillité,
Qui médisent par charité.
Disant que c'est blâmer le vice,
Endurent là pour tout supplice
D'estre sans cesse à marmotter,
Sans qu'aucun le puisse notter,
Et ce tourment, d'estre hors de veuë
Mille fois, pour vne, les tuë,
Tous ceux qui par ambition
Professent la deuotion,
Et sont habilleZ à la prude,
Non pas pour la Beatitude,
Mais pour l'estime, ou pour le gain,
Ou pour tout pretexte vilain,
Sont condamneZ sans qu'on le voye,
De faire de leur peau courroye,
De plus, à viure en gens de bien
Sans que persoune en sçache rien.

Le Iuge qui vend ses parties,
Outre qu'il est frotté d'orties,
On fait esclatter à ses yeux
De beaux Ducats, qui sont ses Dieux,
Comme il pense emplir sa pochette,
On luy donne d'vne baguette
Sur les doigts, dont le seing fatal
Selon l'argent fait bien ou mal.
Son Corrupteur qui ne vaut guiere
Est puny de mesme maniere,
Quand vn coup il a desserré,
Il en reçoit vn bien serré,
Et l'autre reprend toute à l'heure
L'argent comptant dont on le leure,
En est-il saisi ? on luy prend,
Donne-t'il vn coup ? on luy rend,
Tous deux sont frapez, tous deux frappent,
Tous deux perdent ce qu'ils attrappent,
Ainsi leur tourment sans cesser
Est tousiours à recommencer.
Celles qui commettent les crimes
De mesler des illegitimes
Auec leurs iustes Heritiers
Sont, auec les banqueroutiers,

Dans vn feu iusqu'à la ceinture
Se déchirant à coups d'iniure.
Ceux qui d'vne succeßion
Se mettent en poßeßion
Sans en faire part à leurs freres,
S'entredonnent là des Clisteres
Où n'entre point du Lenitif
Mais du feu Gregeois corrosif.
Les mauuais Conseillers des Princes
Les desolateurs de Prouinces,
Les meschans Ministres d'Estat,
Autant le malin que le fat,
Les factieux des grandes Villes,
Les Autheurs des guerres ciuilles,
Les vns sont tous vifs empallez,
Et les autres écartellez,
Qui d'vne Potence est la branche,
Qui, comme en Turquie à la guanche
Qui roüé de coups de baston,
Qui sent le gigot de mouton
Sur vn gril comme vne Saulciße.
Enfin chacun a son supplice,
Les vns plus, les autres pas tant
Selon que chacun est méchant.

Là Thesée est sur une chaise,
Ainsi que moy, mal à son aise,
Outre que son malheureux cu
Faute de chair est fort pointu,
La chaise malfaite & durette
De trois de ses pieds a dizette;
Pour vous montrer que ie puis bien
Changer vn vers en moins de rien;
La chaise aussi dure que roche
N'a qu'vn pied, & ce pied la cloche;
Le voicy d'vne autre façon,
Tant ie suis vn joly garçon,
La chaise branlante, & tres-dure
N'a qu'vn pied pour toute monture,
Elle trebuche à tout moment,
Il la redresse promptement,
A t'il remis le cul sur elle,
Patratas, il cheoit de plus belle.
Phlegias fait là des Sermons
Outre qu'ils sont mauuais, fort longs
Comme ceux qu'on fait au village,
Personne n'escoute, il enrage
Il s'egozille de crier,
Chacun a peur de s'ennuyer.

Et s'enfuit en faisant la moüe,
Il pousse sa voix, il s'engoüe
Prônant, à ces malicieux.
Soyez justes, craignez les Dieux:
Cette sentence est bonne & belle,
Mais en Enfer dequoy sert-elle?
Faire là des Sermons si beaux,
C'est donner des fleurs aux Pourceaux.
Celuy-cy vendit sa patrie,
Celuy-là, voyez ie vous prie
Le luxurieux animal,
Mit vne propre fille à mal.
Certes pour bien conter les choses
Qui dans cet Enfer sont encloses,
Pour en dire tous les tourmens
Il me faudroit plus de cent ans,
Plus de cent langues eloquantes,
Comme des clairons esclattantes,
La voix comme vn bruit de canons,
Et l'haleine des Aquillons.
La vieille, apres cette Hiperbolle
Pour vn temps perdit la parolle,
Et puis ayant fait vn hocquet,
Reprit en ces mots son caquet:

Voila

Voila, mon bon Seigneur Ænee
Tout ce que de la gent damnée
Ie vous diray pour le prefent,
Venez, faire voftre prefent,
Ie voy defia les murs de fonte,
Comme vn liure ancien raconte,
Que les Ciclopes ont baftis,
Qui n'eftoient pas des apprentis :
I'en difcerne les haults Portiques,
Et les deux portes metalliques.
Pour dire la chofe en amy,
Ie ne voy ny murs, ny demy
Dit Æneas. La Perronelle
Luy dit, Vous me la baillez belle
En ces lieux mal illumineZ,
Qui voit la longueur de fon nez,
Se peut vanter de bonne vuë,
Puis les mortels ont la breluë,
eAllons, allons, doublons le pas;
Le Troyen ne repartit pas,
Et fe mit, comme elle, en la voye,
Sans que fon œil fon chemin voye,
Mais la Sybille le guida,
Si bien qu'au mur il aborda,

Liure VI.   N

Où le bon Seigneur fit en sorte
Qu'à taſtons il trouua la porte :
D'eau de puits il s'eau-beniſta ,
Et le rameau d'or preſenta ;
Il penſoit le donner luy-meſme
En main propre, à la Dame bleſme ,
Et luy faire ſon compliment ,
Mais vn gros Suiſſe , arrogamment
Luy dit qu'elle eſtoit empeſchee.
La Sybille en fut bien fâchee ,
Et l'autre en eut bien du chagrin ,
Car on leur euſt donné leur vin.
Enfin ils eurent donc entrée
Dans la bien-heureuſe contree ,
Où Maron dit qu'il fait ſi bon ,
Que tout le pain eſt du bon bon ,
C'eſt à dire eſt vn pain de ſucre ,
Où rien ne ſe fait pour le lucre ,
Mais où les habitans gratis
Contentent tous leurs appetis ,
Tous les faiſeurs de mauuais contes ,
Les faux Marquis, & les faux Comtes ,
Les ſots de mauuais entretien ,
Les Hableurs , les diſeurs de rien ,

Les grands parleurs, & les copistes,
Les fats qui contrefont les tristes
Les plus importuns des humains,
Ceux qui montrent leurs belles mains,
Ceux qui se disent sans memoire,
S'imaginans qu'ils feront croire
Qu'ils en ont plus de iugeme
Ce que l'on croit picusement ;
Ceux qui donnent des estocades,
Ceux qui disent qu'ils sont malades
Et ne le font que de l'esprit,
Comme on voit par leur appetit ;
Les femmes qui tousiours demandent
Les vieillards qui tousiours gourmandent,
Ceux qui nous aiment malgré nous,
Les faux sages, les méchans foux,
Ceux qui content tousiours leurs songes,
Qui sont bien souuent des mensonges,
Ceux qui ne disent iamais mot,
Finesse ordinaire à tout sot,
Qui de soy ne peut rien produire,
Et qui croit que par vn soûrire
Et par vn silence affecté
Il couure sa stupidité,

Ou témoigne sa modestie
En ne chantant pas sa partie,
Foin , de ces chanteurs de tacet,
Soit en fauteüil , soit en placet ,
Soit en ruelle , soit en ruë ,
Vn bon esprit n'est pas si grüe
Qu'il ne soupçonne le reuers
De ces esprits clos & couuers ;
Ceux de qui l'haleine est bien forte,
Ou bien pour parler d'autre sorte
Dont l'haleine sent les porreaux ,
Les hommes qui font trop les beaux,
Enfin tous ceux, & toutes celles,
Tant les masles , que les femelles,
Qui font les viuans enrager,
Ne doiuent nullement songer
A venir là troubler la feste ,
Tout est ciuil , tout est honneste ,
En ce sejour des bien-heureux ;
S'il s'y rencontroit des fâcheux
Qui troublassent leur bande guaye ,
On les parafferoit de craye ,
Ou comme des pestiferez,
Seroient des autres separez ,

Et tost aprés mis à la porte,
Où le portier feroit en forte
Les renuoyant bien baftonneᴢ
Qu'ils n'y mettroient iamais leurs neᴢ
C'eft vn vray païs de Cocaigne,
Dans du vin mufcat on s'y baigne,
Et tout le monde y fçait nager
Sur le dos, le ventre, & plonger,
On y contente fon enuie
Selon ce qu'on fut en fa vie;
Le jeu feul eft là defendu,
Car qui voudroit auoir perdu?
Qui fe plut à lutter, y lutte,
Qui fut conteftant, y difpute,
Vn mangeur, y mange fon fou,
Vn beuueur, y boit comme vn trou,
Vn chaffeur chaffe, & rien ne manque,
Y tire qui veut à la blanque,
Et rencontre dans fon billet
Quelque bijou qui n'eft pas lait:
Enfin, on dance, on rit, on raille,
On fe repofe, on fait gogaille,
On s'exerce à la courfe, au fault,
On lit des nouuelles d'enhaut;

Qui veut y ballotte à la paulme ,
Et mesme en ce plaisant Royaume
Jls ont vne Lune , vn Soleil,
Ou quelque chose de pareil :
Le Reuerend Signor Orphée ,
La teste de laurier coëffee ,
Y chante sur son guittarron
Des airs du renommé Guedron.
Les Nobles fondateurs de Troye ,
Marchant grauement à pas d'oye ,
Barbe en pointe, & chappeau pointu,
Y discourent de la vertu ,
Ilus , Dardanus , Assarace ,
Et cent autres de mesme race ,
Les vns font leurs cheuaux trotter ,
Les plus hardis les font saulter,
D'autres font leurs chariots courre ,
Et d'autres jouënt à la mourre ,
Les plus vieux , & les plus sensez,
Y parlent des siecles passez ,
Ou bien font des contes pour rire ;
Ceux qui font rage de la lyre ,
I'entens , les Poëtes diuins ,
Alors qu'ils sont entre deux vins,

Par deffi se chantent des carmes,
Qui font rire, ou verser des larmes,
Selon que ce qu'on a chanté
Rend triste, ou met en gayeté.
Celuy qui pour le peuple endure,
Que l'on relegue, ou claquemure,
Les Catons qui font tousiours bien,
Comme fait Deslandes-Payen.
Les Prelats, à droit, comme à gauche,
Nets de toute salle débauche,
Et qui n'ont point eu de Laïs,
Ceux qui sont morts pour leur païs,
Les pauures de vie inconnuë,
De vertu rare, quoy que nuë,
Les beaux esprits point médisans,
Les Peintres, Nobles Artisans
Qui font de leurs iours la merueille,
Y sont le laurier sur l'oreille,
Faisant bonne chere à leurs sens
Par mille plaisirs innocens ;
Enfin les hommes de merite
Dont la troupe est là fort petite
Aussi bien qu'en ce monde ici,
Sont là, sans peine, & sans souci,

Et se réiouyssent ensemble
De la façon que bon leur semble;
Aucuns dansent des Tricotets,
Ce sont ceux qui furent coquets,
Et quelques Donzelles sçauantes
De ces galans sont les gallantes;
Le plus souuent ils vont au cours,
(Car on le tient là tous les iours)
Ou bien sur les molles herbettes,
Font l'vn contre l'autre à fleurettes,
Ou se donnent les violons
Qui sont là rares, mais fort bons.
D'entr'eux tous, le Rimeur Muzee
Ayant la Sybille auisee,
(Peut-estre qu'il la connoissoit)
Luy demanda, ce que cherchoit
En ces bas lieux Messire Ænée.
La vieille comme estant bien née,
La chose ne luy cella pas,
Et dit, le saluant bien bas,
Nous cherchons en ce païs sombre
D'Anchisez la venerable ombre,
Non pas seulement pour le voir,
Mais pour essayer de sçauoir

Ce que

Ce que Madame Deſtinée
A la race de Maiſtre Ænée
Veut faire de mal & de bien,
Ce bon Prince qui n'en ſçait rien
Auec quelque raiſon eſpere
Qu'il ſçaura le tout de ſon Pere,
Et d'eſtre aydé de ſon conſeil.
Ie croy qu'il ſe gratte au Soleil
C'eſt ſon exercice ordinaire
Comme il eſt d'humeur ſolitaire,
Si vous l'agréez, volontiers
Ie m'offre de faire le tiers
Et de vous mener, où ie penſe
Qu'eſt à preſent ſa reuerence.
Voila ce que Muzæus dit.
Maiſtre Æneas au mot le prit,
Et fit compliment au Poëte:
Ils parlerent de la Gazette,
Car grand Nouueliſte il eſtoit,
Et comme vn Diable conteſtoit,
Quoy que dans les champs Elizées
Les ames bien ciuilizées
Ne conteſtent que rarement,
Mais Æneas adroittement

Liure VI.

O

S'eſtant apperceu de ſon vice
Penſa luy rendre vn bon office,
A ce qu'il voulut ſe rangea,
Dont quaſi Muzae enragea;
Car tout animal qui conteſte
Contre qui luy cede tout, peſte,
Et c'eſt bien le pouſſer à bout
Que ſe taire & luy ceder tout.
Marchant, & faiſant conference,
Jls trouuerent vne Eminence
D'où l'œil pouuoit aller bien loin,
Æneas n'ayant plus beſoin
De ce bel eſprit qui le mene,
Ou pour luy donner moins de peine,
Ou ſe ſentant importuner
Le fit ſur ſes pas retourner;
L'autheur retranché de leur troupe
Ils grimperent ſur vne crouppe,
Non ſans auoir bien halleté,
La Vieille en eut mal au coſté:
Sur cette boſſe de la terre,
Dieu ſçait comme ils firent la guerre
S'entend à l'œüil, car autrement,
Ie parlerois peu nettement,

Et i'attirerois la Critique
Qui daube ſur qui mal s'explique :
Leur yeux ayant leurs coups viſez,
Sur tous les objets oppoſez,
Ils deſcouurirent Maiſtre Anchiſe
Aux longs crins de ſa teſte griſe,
Il eſtoit dans vn plaiſant val
Qui des ames eſt l'arſenal,
Ce ne ſont pas des ames neufues,
Mais des ames d'autres corps veufues
Qui ſur terre retourneront,
Et d'autres corps habiteront :
Parmy ces perſonnes en herbe
Qui ne ſont pas encore en gerbe,
Le bon Seigneur conſideroit
Celles dont grand bruit on feroit :
Auſſi toſt qu'il vit Maiſtre Ænée
Il dit d'vne voix eſtonnée.
Ie t'ay bien long-temps attendu
Mon fils, en ce Pays perdu
l'aurois douté de ta venuë
Sans ta pieté ſi connuë,
Mais i'en eſtois auſſi certain
Que ſi ie t'euſſe eu dans la main :

J'eu peur de te voir dans Cartage,
Encheueſtré d'vn Mariage,
Car ſi le Deſtin n'a menty
On te garde vn meilleur party;
Pour te parler en conſcience,
Mille fois par impatience
J'ay crié d'vn eſprit mutin
Maudit ſoit le fils de Putin,
Il eſt vray que le terme eſt rude,
Mais pardonne à ma promptitude
C'eſt le vice de ma maiſon;
Quand on ayme on eſt ſans raiſon,
Vien donc mon fils que ie t'embraſſe,
Vien me baiſer droit à la face,
Vien dis-je ſans plus differer.
Autant qu'vne ame peut pleurer
Du Pere de Meſſire Ænée
La barbe de pleurs fut baignée,
Et d'Anchiſez l'enfant gaſté
Verſa des pleurs en quantité,
Diſant telle ou ſemblable choſe.
O de mes pleurs l'aimable cauſe
Mon cher & bien aimé Papa
Qui m'auez depuis Pe à Pa

Iusqu'à la plus haute science
(Par exemple la Chiromance)
Monstré non pas comme vn Pedant,
Toûjours fâcheux, toûjours grondant,
Et ne respirant que le lucre,
Mais en m'estant doux comme sucre,
Et sans m'auoir iamais battu
Quoy que ie fusse vn peu testu,
Ie n'ay pas fait grande proüesse
En venant chercher vostre Altesse
Iusqu'au fond du Royaume Noir,
Ie n'ay rien fait que mon deuoir
Et i'aurois baissé d'vn estage
S'il en eust fallu dauantage:
Mais depeschez-moy vistement,
Ma flotte peste asseurement,
Les plus retenus en colere,
Sans porter respect à ma mere,
M'appellent Bastard, vous vieux fou,
La peste leur casse le cou,
Ou ie les donne au mille Diables,
Et mille autres pointes semblables
Dont le sujet ou le suiuant
Regale son Maistre souuent:

O iij

Apres ces mots plains de franchise
Il voulut embraßer Anchise,
Mais rien du tout il n'embraßa,
Par trois fois il recommença,
Et par trois fois à l'embraßade
L'ombre luy fit la petarrade
Luy disant, Tu ne me tiens pas ,
Tu te laßes en vain les bras,
Ie suis vn ombre à ton seruice,
Et non pas vn corps qu'on saisiße :
Maistre Æneas en fut confus
Comme quand on souffre vn refus ,
Mais apres vn moment de honte
Le Seigneur n'en fit pas grand conte.
Dans le fonds du vallon estoit
Vn bois que le vent agitoit ,
Le fleuue ennemy de memoire
Paßoit auprez donnant à boire
A plusieurs esprits alterez ;
Ils estoient ensemble serrez ,
Car la multitude estoit grande ,
On peut comparer cette bande
Aux Abeilles quand dans vn pré
De cent mille fleurs diapré ,

Leur saoul de fleurs elles se donnent,
Et piccorant les fleurs, bourdonnent,
Ainsi les ames dans Lethé
Sans se faire ciuilité
S'entrefaisoient choir dans le fleuue,
Tandis que quelqu'vne s'abreuue,
L'autre par le cul la choquant
Prenoit sa place en se mocquant.
Ænée à cette multitude,
Ne fut pas sans inquietude,
(Maron dit, qu'il en eut horreur)
Mais ie croy que c'est vn erreur,
Il est vray que voyant la chose,
Volontiers, il eust sceu la cause
De leur grande alteration,
Et pourtant par discretion
Il dissimula son enuie;
Anchisez, qui fut en sa vie
Fin & ruzé, comme vn Normant,
Le vit à ses yeux aisément,
Il luy dit. Ceux que tu vois boire
Taschent de perdre la memoire
Dans la riuiere de Lethé
D'auoir en d'autres corps esté

Afin qu'au monde retournées
Apres vn grand nombre d'années
Des corps jadis abandonnez,
Comme de pechez pardonnez,
Elles perdent la souuenance.
N'en déplaise à vostre Eminence
Ces Esprits là, dont vous parleZ
Sont du jour bien enforcellez,
De le venir chercher sur terre,
Ou tant de maux leur font la guerre,
C'est folie ou stupidité
Ou ce n'est pas la verité.
A cette responce inciuille,
AnchifeZ sans croire à sa bille
Luy dit d'vn ton plus serieux,
Ne parle point, ou parle mieux,
Entre vous gens de l'autre monde
Toufiours en son sens on abonde,
Cecy vous soit dit en passant.
Maistre Æneas en rougissant
Rentra bientost en sa coquille,
Et voicy de fil en aiguille,
Ce qu'adjousta son Geniteur,
Gesticulant en Orateur.

                                   Dame

Dame Nature, est vne mere
Qui produit, sans l'ayde d'vn Pere
Ce grand nombre d'enfans diuers
Qui peuplent le vaste Vniuers :
Comme, le Ciel clair comme vn verre
Le Soleil, la Lune, la Terre
La Mer, les bois, & cætera,
Id est tout ce qui vous plaira.
Or cette Madame Nature,
Qui sert à tout de nourriture,
Qui fait tout agir, tout mouuoir,
Sans qu'on le puisse aperceuoir,
Est infuse par tout le monde,
Selon qu'aux choses elle abonde,
Elle en accroist les Qualitez,
Les mesures, les Quantitez :
Lors que de sa lumiere interne
Vn corps humain est la lanterne,
Cette lumiere en ce corps fait,
Plus grand ou plus petit effect ;
Quand cette lumiere est plus forte
Lors l'Esprit sur le corps l'emporte,
Et quand le corps est le plus fort,
L'Esprit y manque, & le corps dort :

Liure VI.   P.

L'esprit du corps prend vne crasse
Qui facillement ne s'efface,
Et quoy qu'il ayt son corps laissé
Il n'est pourtant pas descrassé
De cette crasse qui le mine,
Qu'il n'ayt passé par l'estamine,
C'est à dire par les tourmens,
Qui durent vn grand nombre d'ans :
Les Esprits nets de leurs ordures
Ayans souffert mille tortures,
Ayans esté fort bien pendus,
Bruslez, sur la roüe estendus,
La teste ou les costes brisées,
Sont admis aux champs Elizées,
Où par l'espace de mille ans
A fine force de bon temps,
A force de viure à leur aise
Ainsi que l'or dans la fournaise,
On les met d'assez haut Karat,
En cet agreable climat,
Pour estre au monde renuoyées :
Outre qu'elles sont nettoyées
Dans la riuiere de Lethé;
D'auoir autre part habité.

Elles y perdent la memoire,
Pour cela l'on les y fait boire.
Ma foy ie ne vous entens pas,
Dit à cela Maistre Æneas,
Et dés la quatriesme ligne
Soit que ie n'en sois pas trop digne
Ie n'ay rien du tout entendu,
Et c'est autant de bien perdu
Que vos Rebus de Picardie,
Trouuez bon que ie vousle die,
Ou mon Pere est beaucoup obscur,
Ou son fils a l'esprit bien dur.
Tant pis, tu deuois donc te taire
Ie pensois quelque honneur te faire
Deuant la Dame que voila,
Ie ne sçauois que trop cela.
Voila ce que luy dit Anchise,
Faisant vne mine assez grise;
Tandis qu'il tenoit ses discours
Eux, & luy, s'approchoient tousiours
Des bords de l'admirable fleuue
Où la trouppe d'esprits s'abbreuue:
Là, le Vieillard reprit ainsi.
Parmy la troupe que voicy

Ie t'apprendray Meſſire Ænée
De ton eſtrange Deſtinée
En peu de mots le tu autem,
Les noms de tes Neueux : Item
Ie te diray cent mille choſes
Qui ne ſont pas encore eſcloſes,
Qu'autre ne te diroit iamais.
Ie te conteray les beaux faits
De gens au poil comme à la plume
Dont on fera plus d'vn volume.
Cela dit, ſur Maiſtre Æneas
A cauſe qu'il eſtoit bien las
Il ſe mit à la cheure morte,
A peu prez de la meſme ſorte
Qu'il fit au ſortir d'Illion,
Non pas ſe ſauuant en Lyon,
Mais en aſne ne vous déplaiſe,
Eſtant là comme en vne chaiſe,
Ayant touſſé, mouché, craché,
Ayant bien fait de l'empeſché,
Enfin il deſnoüa ſa langue
Et fit cette belle harangue.
Vois-tu ce ieune Iouuenceau
Veſtu d'vn rouge drap d'vſſeau,

Et qui tient en main vne pique,
Baſton dont bien fort il ſe pique,
C'eſt ton fils apres ta mort né,
Lequel vaudra bien ſon aiſné,
Cette venerable perſonne
Portera d'Albe la couronne,
Il ſera nommé Siluiüs
Tres digne d'vn nom en'Iüs,
Il mourra d'vne ardeur d'vrine
Regreté de la gent Latine.
Voy Capis homme de valeur
Mais il ioüera de malheur
Il fera la fauſſe monnoye,
Et jeune encor mourra de joye.
Auprez de luy, voila Procas
De qui l'on fera fort grand cas,
Il mourra bien auant dans l'aage
Empoiſonné dans du fromage.
Voila le braue Numitor
Lequel vaudra ſon peſant d'or.
L'autre eſt Siluius, dit Ænée
Son Ame Royalle, & bien née
Ton beau nom renouuellera,
Tant homme d'honneur il ſera.

Tous ceux la couronnez de chefne
Qui fe tiennent comme vne chaifne
Sont tes Illuftres defcendans,
Lefquels feront bien les fendans
En paix ils feront fort habilles
Ils fonderont de belles Villes
Pleines de force gens de bien,
De leurs noms ie ne diray rien,
Ce n'eft pas que ie les ignore
Mais fur pied n'eftant pas encore,
Ie ne ferois pas bien fenfé
Ny toy pas beaucoup auancé.
Mais voicy l'Illuftre Romule
Qui fut vn bel homme de Mule,
De plus, bel homme de cheual,
Il fera du bien & du mal,
Car il doit faire baftir Rome,
Et tuer fon frere, vn braue homme:
Son Ayeul il reftablira,
Son Pere au Ciel l'attirera,
Veux tu fçauoir pourquoy fon cafque
A deux cornes à la fantafque,
Je te le dirois, mais ma foy
Je ne fçay pas trop bien pourquoy;

Mais i'oubliois quant à ſa race
Qu'il vient de droit fil d'Aſſarace;
O le braue fils de Putain!
Que cet Autheur du nom Romain,
Il fera mentir le Prouerbe,
La peſte qu'il ſera ſuperbe
De voir les gens de luy ſortis
Faire enrager grands & petis.
Ainſi la vieille Berecinthe
Graue comme vne femme enceinte
Venerable comme vn Prelat,
Qui pretend au Cardinalat,
Par deux Maiſtres Lyons tiree,
Sur ſa teſte vne Tour quarrée
Qui luy fait ployer le chignon,
Ses mains ſeches ſur le roignon,
Sur vn char propre à faire entrée,
Par la Phrygienne contrée,
Va par tout ſe glorifiant
Seule, à ſoy-meſme ſe riant
D'auoir par ſa vertu fœconde
Mis tant de Deitez au monde,
Plus de cent Dieux de compte fait,
Qu'elle a tous nourris de ſon lait;

O la fucculente Nourrice!
Mais i'apperçoy de la milice
Le Protomagifter Cæfar
Ha confidere le bien: Car
Le drofle auec fa tefte chauue
Sera pour le noir, & le fauue
Le plus fin chaffeur des humains,
Il fera bouquer les Romains
Eux qui font enrager les autres,
Il fera la gloire des voftres
Et puis dans le Ciel aura part,
Mais à beaux grands coups de poignart.
Ha le voicy le grand Augufte
Vaillant, courtois, beau, fage, & jufte
Dieu nous le Deuoit fur ma foy,
En Efprit, des-ja ie le voy
Dedans Rome, aux Romains qui profne,
Affis fur vn fuperbe throfne,
Mais ce n'eft pas pour noftre nez,
Ouy bien pour ceux, qui feront nez
Au temps de ce merueilleux homme
Qui fans fortir les pieds de Rome
Affujettira fous ces loix
D'vn cofté les fiers Rochelois,

De l'au-

De l'autre les faux Allobroges
(Je ne parle point de Limoges
Car qui fait le plus, peut le moins)
C'est ce grand Heros dont les soins
Feront porter du Rhein au Gange
Sans port vne lettre de Change,
Et retourner d'vn mesme train
Si besoin est du Gange au Rhein:
Hercule à la lourde Massuë,
Bacchus à la pique feüilluë
Par les rimailleurs tant vantez
N'ont pas tant d'honneurs meritez:
O que l'homme qu'on voit bien faire
Sert à tous d'vn bel exemplaire.
Ce vieillard à bonnet quarré
C'est Numa, des siens adoré
Pour plusieurs œuures meritoires,
Des oraisons jaculatoires,
Des sacrifices solemnels,
Et de beaux paremens d'Autels,
Dont il introduira l'vsage.
Tullus qui suit, n'est pas si sage,
Mais il est plus vaillant aussi.
Et le vain Ancus que voicy,

Liure VI.

Q

Fait bien voir à sa mine fiere
Qu'il ayme fort le pied derriere.
Voila les Paillards de Tarquins
Aussi superbes que Bouquins.
Voila Brutus par trop seuere,
Bon Citoyen, & mauuais Pere,
Mais en gros vn braue Romain.
Ce vieillard la hache à la main
C'est Torquat, Cet autre est Camille,
Ceux qui les suiuent à la fille
Sont les Drufes, & Curiens
Tous fort honneftes Citoyens.
Vois-tu ? ces deux qui s'entrelorgnent,
Et d'intention s'entr'esborgnent,
C'est le beau-pere, & le beau fils,
L'vn d'eux se plaindra de Memphis,
L'vn & l'autre grand Capitaine
Dedans ie ne sçay quelle plaine
Feront Pions & Cheualliers
S'entrechoquer comme Belliers :
Tout beau, tout beau, valeureux sires
De grace refrenez vos ires.
O combien jazera l'Echo
Aux enuirons de Monaco,

Quand l'vn d'eux auec ſes buccines,
De ces roches du Ciel voiſines
Deſcendra, pour aller trouuer
Son Gendre, & le clou luy riuer;
Mais auparauant qu'il luy riue
Il faudra bien crier : Qui viue?
Vous feriez mieux, beaux Conquerans
De finir tous vos differens,
Tout beau, tout beau, valeureux ſires
De grace refrenez vos ires,
Au moins toy qui te puis vanter
D'eſtre Parent de Iuppiter.
Celuy qui deſtruira Corinthe,
C'eſt cet homme à la face peinte
Qui ſur le nez porte vn Poirreau.
Cet autre fera du tombeau
D'Achille, vne chaiſe percée,
Et de la Grece terraſſée
Tirera pleinement raiſon
D'Illium pris en Trahiſon.
Voila Caton qui fut vn droſle;
Coſſus franc Amadis de Gaulle;
Serranus grand homme de bien;
Gracchus qui ne luy cede en rien.

Les deux Scipions en la guerre
Plus redoutez que le Tonnerre.
Le mangeur d'ail Fabricius :
Le temporiseur Fabius,
Enfin ie ne sçay combien d'autres
Issus de nous, ou bien des nostres.
On voit en plusieurs Nations
De tres rares inuentions,
Plusieurs en sculpture, & peinture,
Sçauent surpasser la Nature,
Et maints autres arts curieux;
Plusieurs sçauent le cours des Cieux,
Plusieurs font rage de la Lire,
Et de la dance, & du bien dire;
Mais tout homme vrayment Romain
Doit de la teste & de la main
Aller droit dans le ministere,
Et s'il s'en acquitte au contraire
Que. Le vieillard tout court se tut,
Car à bon entendeur salut;
Et puis il reprit de la sorte.
Celuy qui pour ses armes porte
En son grand & lourd bouclier,
De cuiure, de fer, ou d'acier,

Deux os de mort semez de larmes,
En François baisez-moy Gendarmes,
Et ce qui suit de la chanson
Escrit autour de l'escusson,
C'est Marcel, qui seul en vaut mille,
A la brette vn vray Boutcville,
Autant à pied comme à cheual,
Qui rossera bien Annibal
Et le mettra tout en bredoüille,
Gaignera l'Opime despoüille,
Et puis à la fin comme vn fou
S'ira faire rompre le cou,
Et fera grand dépit à Rome.
Ænee apperceut vn ieune homme
Beau comme vn Ange, ou comme deux
Mais beaucoup triste, & nebuleux,
O Dieu le beau visage à peindre,
Ce dit-il: Qu'à-t'il à se plaindre?
Cet Adonis? ce beau garçon?
Est-ce vn enfant de la façon
De Marcellus, qu'il accompagne,
Ou quelque enfant futur d'Ascaigne?
Que luy veut ce troupeau dolent
Qui le considere en hurlant?

Et d'où vient que d'une nuée
Sa teste est obscurifiée ?
Anchisez, dit : N'as-tu pas tort
De réueiller le chat qui dort ?
Pourquoy veux-tu que ie te face
Vn conte à faire la grimace,
A faire pleurer comme vn veau :
Cet adorable jouuenceau,
Cette fleur trop tost moissonnee
Est vn bien, que la Destinee
Doit montrer au peuple Romain,
Pour l'oster presqu'au lendemain.
O l'admirable personnage !
S'il ne meurt point en son ieune âge,
Son cœur ne fera pas vn pli,
Onc n'en fut vn plus accompli
A fronder, & courir la bague
Et bien manier vne dague,
Ma foy, fut-ce defunct Marcel
On n'en verra iamais vn tel,
O que l'on fera de despence
A sa mort, ainsi que ie pense,
Et que l'on bruslera de bois.
Mais icy me manque la voix

Et l'affliction me suffoque;
Là dessus, il osta sa toque
Et fit à son intention
Profonde genuflection
Le visage dolent & blesme:
Maistre Æneas en fit de mesme,
Et la vieille Sybille aussi
Humecta sa peau de roussi:
Anchise essuyant sa paupiere
Quitta cette triste matiere
Pour discourir de la vertu,
Il avoit l'esprit fort pointu
Et sçavoit le pair & le praize
Pour la pointe & pour l'antitheze
Il fit un discours serieux
Sur la vertu de ses ayeux,
Incita son fils à les suivre
Il luy leut ie ne sçay quel livre
Peut-estre fut-ce un Almanac,
Dit plusieurs quadrins de Pibrac,
Et profera maintes sentences
Vallant autant de remontrances,
Cracha du Grec & du Latin,
Parla du peuple Laurentin

De Latinus & de sa fille
Propre à regir vne famille;
Luy dit qu'il auroit des riuaux;
Et puis tant par monts que par vaux
Ayant fait maintes promenades,
Finit par maintes ambraffades,
Aufquelles fon fils refpondit.
En cet endroit Virgille dit,
(Puis qu'il le dit il le faut croire)
Que par vne porte d'iuoire
(C'eft la mefme chofe qu'vn huis)
Les fonges faux font introduits
Aux viuans durant la nuit morne;
Et que par vn autre de corne
(I'ay fceu tantoft de bonne part,
Que c'eftoit corne de cornart,)
Les fonges vrais montent fur terre
Vers ceux dont l'œil le fommeil ferre:
Or ce n'eft pas par celle là
Que Maiftre Æneas fe coula,
Ce fut par la porte d'Iuoire,
Ie n'ay point de peine à le croire,
Car qui ne donneroit credit,
A ce qu'vn tel Auteur a dit.

Ayant

Ayant retrouué la lumiere,
Æneas fit à la forciere
Prefent d'vn demy Ducaton,
Et puis leger comme vn faucon
Alla retrouuer à Gayette
La trouppe Troyenne inquiete:
On le receut en bel arroy
Chacun cria : Viue le Roy.
Mais le Seigneur plein de furie
Fit ceffer la clabauderie
Car il en eftoit eftourdy,
Et puis , le lendemain Lundy
Les Prouës leurs ancres jetterent,
Et deuers la mer fe tournerent,
Et les Pouppes deuers le Port,
A ie ne fçay combien du bort,

F I N.

allomagnau Larelgerorgea

www.ingramcontent.com/pod-product-compliance
Lightning Source LLC
Chambersburg PA
CBHW071815090426
42737CB00012B/2092

* 9 7 8 2 0 1 9 9 1 7 0 6 7 *